75 CONSELLS PER SOBREVIURE AL CAMPAMENT

María Frisa

Il·lustració: Celestino Belinchón

Traducció: Mireia Alegre Clanxet

MANUAL PATENTAT PER MI MATEIXA PER FER-TE LA VIDA MÉS FÀCIL

ALFAGUARA

ALFAGUARA

www.librosalfaguarajuvenil.com

Títol original: *75 consejos para sobrevivir en el campamento*

Av. de los Artesanos 6, 28760 (Tres Cantos) Madrid
Telèfon: 91 744 90 60

Primera edició: abril de 2013

ISBN: 978-84-204-1411-9
Depòsit legal: M-7060-2013
Printed in Spain – Imprès a Espanya

Maquetació: Javier Barbado
Diseny de coberta: Beatriz Tobar

PRISA EDICIONES

Per a l'Elena. Segur que si t'ho proposes aconsegueixes fer coses meravelloses, perquè ets excepcional.

Per a l'Anna: la Sara sap que per néixer va necessitar dues mares i tu n'ets una.

Quan tens dotze anys, la vida pot ser força penosa.

Els pares prenen totes les decisions importants per tu i no et consulten res de res. T'obliguen a fer coses absurdes cada dos per tres, com ara fer un petó a una persona que et planten al davant, jugar amb els amics dels seus fills, portar-te bé amb els teus germans, obeir una persona qualsevol només perquè és adulta (fins i tot, els monitors de menjador)... Però el pitjor del cas és que ni tan sols et deixen decidir què vols fer amb **les teves vacances!!!**

Aquest estiu el destí em tenia reservada una sorpresa molt especial. El somni de qualsevol... I quin era? Anar a la platja i afartar-me de gelats? Nooo. Navegar per Internet sense límit d'hores? Nooo. Maratons de tele i consola des del sofà? Nooo.

Era molt millor que tot això!

Però anem a pams, comencem des del principi...

CAPÍTOL 1

L'ESTRATÈGIA DE TOT EL CONTRARI

Hi ha dies que seria millor no llevar-se. Però com que de bon matí encara no ho saps (i a més la mare t'obliga a sortir del llit tant sí com no), et lleves.

Aquell matí el dia es presentava com qualsevol altre: és a dir, **UN PAL DE DIA**. Feia calor i em va agafar un atac de son per culpa del macroentrepà de xoriço que havia endrapat a l'hora del pati i, sobretot, per culpa de la meva germana Sofia, una pixanera de dos anys i mig.

HAIG DE PARAR PER EXPLICAR-TE:

L'expressió «dormir com un nadó» és una mentida com una casa de pagès. Qui ho digui és que no ha dormit mai amb cap nadó al costat.

Total, que ja m'havia adormit i va i sona el timbre. «Aaahhh!!!», vaig cridar de l'ensurt. L'Emili, el professor, em va mirar amb cara de pomes agres. Ell controla tots els meus moviments. Sóc tan «afortunada» que sec a la primera fila perquè diu que s'estima més «tenir-me a prop» (i no, no crec que sigui perquè em consideri la nineta dels seus ulls).

–No marxeu –va cridar quan ja sortíem com una fletxa cap a la porta–, que **us haig de donar un sobre.**

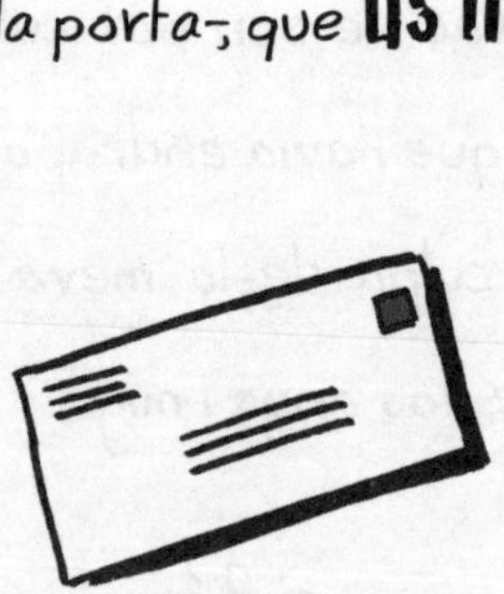

CONSELL 1:

LLEGEIX SEMPRE ELS PAPERS QUE ET DONIN ELS MESTRES ABANS DE DONAR-LOS ALS PARES.

Normalment són un rotllo i diuen coses que no ens interessen o que qualsevol persona normal ja coneix (horaris, reunions, polls a l'escola...), però mai no se sap...

Aquesta vegada anunciaven uns campaments en anglès: **Happy English.**

Pel que semblava, l'escola s'havia posat d'acord amb una agrupació per organitzar-los (això ho copio tal com surt al full):

> Existeix un entorn millor per esbargir-se que no sigui en companyia dels amics de sempre? Així s'eviten problemes d'integració al grup i es garanteix que els més tímids no en quedin desvinculats. D'aquesta manera, per tant, es fomenta la cohesió social.

Bufa! Has entès res? Segur que ho han escrit amb el *Diccionari de paraules estrafolàries* al costat. Però tranquil, que tot seguit t'ho tradueixo:

Oi que ara s'entén millor?

I és clar que sí.

No negaré que anar amb els teus amics no és mala idea, però... **I QUÈ PASSA AMB ELS ENEMICS?** Els hauràs de suportar les vint-i-quatre hores del dia?

Vaig mirar enrere i allà les tenies: la Rebeca i la Vicky, la mar de felices dient-se secrets a cau d'orella. Són unes males bruixes. La Rebeca és la meva pitjor enemiga. És una filla de papà i a sobre es pensa que és la reina del món perquè està com un fideu (en comptes de cul té dos granets, això ho diu tot), sempre porta roba de marca supercenyida i es lliga tots els nois. I quan dic tots, vull dir tots. Fins i tot es va lligar en Diego, **l'únic nòvio que he tingut** i que ella em va robar només per fastiguejar-me i després deixar-lo plantat. Ara, passo totalment d'en Diego, és clar!!!

Jo no tenia pensat anar de campaments sinó passar les vacances escarxofada al sofà de casa. Qui pot voler sinó anar a un lloc que t'obliguen a matinar, a compartir una tenda que fa una catipén insuportable, amb una gent que a la nit segur que es tira pets i a sobre els fan pudor els peus, a empassar-te el menjar que encara és més fastigós que el de l'escola, a obeir milers d'ordres dels monitors, a participar en jocs estúpids per a nens de sis anys...?

UNS CAMPAMENTS, DIUEN?
EN ANGLÈS? I AMB LA REBECA?

No. Gràcies.

Aquest paper no el donaria als meus pares ni boja. Ja estava decidida a doblegar-lo i a ficar-lo dins una butxaca de la motxilla on és impossible trobar-hi res, però aleshores vaig llegir que els campaments valien 535 euros, sí, sí, **535 EUROS!!!!**

CONSELL 2:

COMPRA'T UNA MOTXILLA AMB TOT DE BUTXAQUETES PER PODER-HI «PERDRE» COSES.

La meva mare no pagaria mai de la vida aquesta animalada per uns campaments, per més que li juressin i li perjuressin que tornaria d'allà amb un bon **DOMINI DE L'ANGLÈS**, el rus, l'alemany, i que, a més, faria el pi a la paret.

Així, doncs, li vaig entregar tranquil·lament els papers per no córrer el risc de ser víctima d'una esbroncada si se n'assabentava per una altra mare.

CONSELL 3:

VÉS EN COMPTE!! LES MARES TENEN LA PUNYETERA MANIA D'EXPLICAR-S'HO TOT.

És ben normal, si es passen tantes hores penjades al telèfon... d'alguna cosa han de parlar.

Ella va llegir la informació lentament. Jo reia per dins, amb la mirada fixa en la seva cara. Però **els minuts passaven** i no li notava cap reacció. Res. Ni un xisclet. Ni allò de dir: «Però què es pensa aquesta gent, que els diners ens surten per les orelles o què?». Res de res. Aleshores em vaig començar a neguitejar.

—Sara, bonica, a tu et ve de gust anar-hi? —em va preguntar.

M'havia dit «bonica»? Ui... havia fet servir un adjectiu afectuós. Ara sí que la cosa pintava malament.

Aleshores (no em preguntis per què) vaig recordar el que em va explicar un dia en Pollastre sobre els trucs que es fan servir a l'hora de tirar un penal. Enganyes l'enemic i li fas creure que faràs tot el contrari del que realment tens pensat. Per exemple, mous la cama com si volguessis xutar cap a la dreta perquè el porter es llenci en aquella direcció quan en realitat tens la intenció de xutar cap a l'esquerra. En Pollastre l'anomena **«L'ESTRATÈGIA DE FER TOT EL CONTRARI»**.

—És clar que hi vull anar, mare. És que hi va tothom —vaig dir bo i seguint l'estratègia.

Jo em pensava que, quan em digués que no podia anar als campaments, ella tindria remordiments de consciència, i jo, a canvi, aconseguiria treure'n una bona recompensa.

—Són molts diners... —va fer ella.

—Sí, mare. No t'amoïnis, que ho entenc perfectament —vaig contestar amb posat comprensiu i la cara de xai degollat que em dictava el consell que vaig crear jo mateixa (si vols saber de què va aquest consell hauràs de llegir el meu meravellós llibre *75 consells per sobreviure a l'escola*).

Esperava que la mare em sortís aleshores amb la seva excusa preferida: tu tens germans. És la mateixa excusa que fa servir per negar-me tot el que em ve de gust. Però segur que no t'imagines què em va dir en comptes d'això.

-Sara, aquests gest diu tant de tu... -em va deixar anar mentre em feia un petó i una abraçada- ... que val la pena fer un esforç perquè hi puguis anar amb els teus amics. **L'hi comentaré al pare,** d'acord?

Ep! Un moment. Aviam. Què diantre passa aquí?

Em vaig començar a alarmar. El cor m'anava a cent. Havia fallat el pla? I aleshores, un raig lluminós va baixar del cel per il·luminar-me i vaig entendre què passava. Només hi havia una explicació:

La meva mare també coneixia l'estratègia i l'aplicava en contra meu.

Em deia tot el contrari del que pensava. La saben més llarga les mares... Però a mi no m'enganyaria tan fàcilment. Per això, vaig tornar a la càrrega.

-És que, mare, haig d'anar-hi com sigui perquè tothom de la classe s'hi apuntarà -vaig remarcar aquest «tothom»- i l'any que ve el que no hi hagi anat segur que es queda marginat.

Què? Què et sembla? Sóc la millor o no? Sí, sí, ja ho sé.

—I saps què vol dir que et marginin? —vaig insistir jo amb cara de pena  i, perquè no s'oblidés del que costaven, vaig afegir—: A més, cinc-cents trenta-cinc euros tampoc no és tanta pasta..., oi?

—A la nit en parlarem amb el pare. Ja ho veuràs, entre totes dues el convencerem —va repetir ella.

Jo vaig patir per dins. El meu pla seria infal·lible.

CAPÍTOL 2

Llista d'intencions per als campaments

Tothom sap perfectament que els campaments tenen un únic objectiu: **ENTRETENIR-NOS** mentre els pares treballen i no es poden ocupar de nosaltres perquè encara no tenen vacances.

M'hi jugo el que vulguis, però, que els teus pares **NO** ho reconeixen.

Hi ha una cosa que els pares saben fer molt bé: obligar-te a fer coses amb el pretext que ho fan pel teu bé. A sobre, si després protestes et deixen anar una excusa del tipus: «Quan siguis més gran ja ho entendràs». Aleshores m'agafen ganes de preguntar-los: «I per què ho haig d'entendre de gran si el que jo necessito és entendre-ho ara, ara».

Ells no, ells t'envien de campaments perquè t'anirà la mar de bé. És que té nassos la cosa, perquè t'obliguen a anar a un lloc on no vols anar i a sobre volen que estiguis content.

Content? Però de què?

Aleshores, per demostrar que ho fan pel teu bé, comencen a posar excuses. Perquè tenen un fotimer d'excuses per a tot! Quan es tracta de campaments **SOLEN RECÓRRER A DUES:**

Perquè no t'avorreixis a l'estiu.

FES ESPORT??
AVIAM, QUE SÓC UNA NENA, NO UN HÀMSTER!!

Així també fas una mica d'esport.

Perquè no m'avorreixi? Quina bestiesa! Per què creuen que han inventat el Tuenti?

El cas és que aquella nit els meus pares van decidir que, com que em feia tanta il·lusió i aquest any no m'havien matriculat a cap de les activitats extraescolars amb les meves amigues (i ells havien de treballar), farien un esforç per **pagar-me els campaments.** Al final va resultar que la meva mare no feia servir cap estratègia la tarda que jo li havia donat els papers. **T'HO POTS CREURE?** Em deia la veritat!! A qui se li acut?

A més, els meus pares pretenien que els estigués molt agraïda pel dineral que es gastarien. Sí, home! Culpa meva no és, oi? Mira, per què no em donen a mi els diners i m'acompanyen ara mateix a comprar-me una consola? Em passaria els quinze dies jugant i no els molestaria per res del món, seria com si jo no existís.

A més, amb la consola fas un munt d'esport.

Ara bé... Creus que la cosa es va acabar aquí?

I ARAAA!!!

CONSELL 4:

NO ABAIXIS MAI LA GUÀRDIA. ELS PARES MAI NO EN TENEN PROU, SEMPRE EN VOLEN MÉS.

A sobre em van deixar tot l'estiu sense setmanada i zero regals.

Vaig anar a l'escola els dos-cents vuitanta-treeees dies (bé, sense comptar els que vaig estar malalta, que aquests no compten), m'havia esforçat i ho havia aprovat tot (algunes assignatures fins i tot amb bona nota) i... per a què?

Per a res. Vaig haver de callar quan em van dir que no hi havia regal de fi de curs per bones notes, que el regal eren els campaments.

-I Tuenti, que és gratis? -vaig dir per provar sort.

-Ah! No es pot tenir tot en aquest món. Més capricis, no -em van respondre.

Capricis??? Ho has sentit???

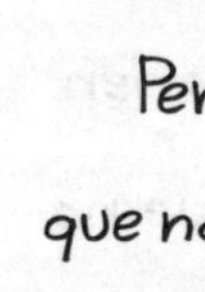

En canvi, jo sí que haig de satisfer tots els seus capricis.

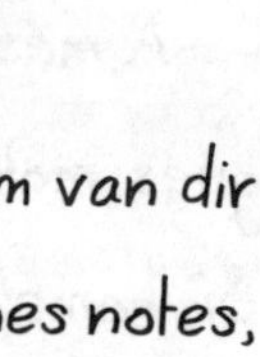

Chibis

I si a casa la cosa no rutllava, a l'escola encara era pitjor: tothom estava entusiasmat amb els campaments, fins i tot la Marina.

La Marina és la meva millor amiga. De la classe, és la que treu les notes més bones i sempre se les enginya per donar respostes encertades a l'Emili. Ella es pensa que és la més llesta, però en segons què és una mica totxo i jo la guanyo.

A més, jo sóc una *artista* amb talent. Sóc la que dibuixa millor els chibis de tota l'escola. Els chibis són uns ninots adorables que pots dibuixar en qualsevol lloc (jo en aquest llibre n'he dibuixat una pila) i amb qualsevol forma, fins i tot els pots disfressar o convertir-los en animals. Em passo el dia dissenyant chibis. A mi és el que més m'agrada.

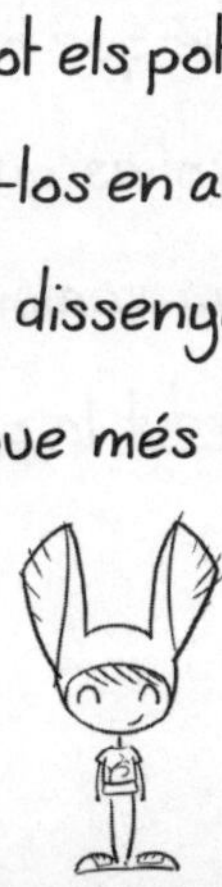

Precisament necessito Tuenti per als chibis, i és que he tingut una idea genial: si aconsegueixo mil amics i a cadascú li ofereixo dibuixar-li un chibi personalitzat per un euro (ja em diràs qui no voldrà tenir el seu chibi per tan poca pasta), aconseguiré mil euros; si tinc tres mil amics...

Doncs fins i tot la Marina està més plom que mai amb el tema dels campaments: «Has de venir, no em pots deixar sola, has de venir». I un altre cop: «Has de venir». I una altra vegada... Per això, quan va saber que m'hi havia apuntat, estava feliç com un anís.

–Que bé que hagis convençut els teus pares!

–Com volies que et deixés sola amb la Rebeca? –Em mirava realment agraïda–. Ara, que sàpigues que he perdut la pasta de **l'iPod** per tu, i encara hi hauria de sumar la que hauria guanyat al Tuenti amb els chibis...

Suposo que ja has endevinat per la conversa que a la Marina no li vaig explicar exactament el que havia passat amb la meva mare ni el fiasco de «**L'ESTRATÈGIA** de tot el contrari». Ja t'he dit que segons com és una mica totxo. Fes cas del meu pròxim consell:

CONSELL 5:

DEIXA QUE ELS TEUS AMICS SIGUIN FELIÇOS. NO CAL EXPLICAR-LOS LA VERITAT I CAUSAR-LOS UN DISGUST.

A canvi de tooot el que he fet per a ella, la Marina m'ha deixat el seu **iPod** fins al final de l'estiu.

No em separaré del meu nou iPod ni un moment; és una passada!!! Ni tan sols no l'he deixat mentre la Marina i jo escrivíem una llista exhaustiva d'intencions per als campaments (i no t'imagines com n'és, de difícil, subjectar un bolígraf i un iPod amb una mà i amb l'altra anar empenyent la Marina perquè no pugui recuperar-lo).

La **llista** és com la que fas per Cap d'Any amb tot de bons propòsits, és clar que nosaltres no hi hem inclòs això de ser més bones persones i aquestes ximpleries que no vénen al cas, perquè, modèstia a part, ser millor que nosaltres és, simplement, impossible.

LLISTA D'INTENCIONS
PER ALS CAMPAMENTS
- Ser popular.
- Trobar nòvio.

Molt bé, d'acord, no és gaire llarga, però respon força a les nostres necessitats. A més, hi hem deixat espai en **BLANC** per si ens sorgeixen més idees, tot i que... de debò... hi ha res millor que ser popular i tenir nòvio?

CAPÍTOL 3

ELS PREPARATIUS

La Marina té més sort que les bruixes: en dotze anys no ha tingut ni un germà.

> **CONSELL 6:**
>
> SI T'ACLAPARA LA SOLEDAT, DEMANA ALS TEUS PARES QUE ET COMPRIN UNA CONSOLA. PER RES DEL MÓN QUE NO ET PASSI PEL CAP DEMANAR-LOS UN GERMANET.

Les consoles t'ofereixen molts més avantatges que els germans. Els dos principals són: que es queden al mateix lloc on les deixes i que tenen un

BOTÓ PER APAGAR-LES. Si els germans tinguessin un botó per apagar-los, guanyarien molt.

Com que la Marina és filla única, els seus pares estalvien molt i després li compren de tot: una cantimplora termo especial d'alumini blanc brillant amb flors, unes vambes impermeables i ultralleugeres que canvien de color segons la temperatura, i un sac de dormir amb coixí i estoreta incorporades, que suporta una temperatura exterior de trenta sota zero, té la mida d'una tovallola de piscina, no pesa ni un quilo i quan hi entres... quan hi entres... és un gust. Vull viure tota la vida ficada dins aquest sac!!!

Si només et compren les coses que necessites, això no té cap gràcia, és clar!

Després de veure les compres de la Marina vaig pensar que no era tan mala idea anar als campaments. Amb aquesta excusa, **EM PODRIA COMPRAR UN MUNT DE COSES** que no necessitava per a res!!

Bé, doncs, el cas és que em vaig equivocar de mig a mig. Resulta que la mare tenia uns **ALTRES PLANS.** Havia decidit fer servir la tècnica aquesta d'«aprofita el que els altres no volen».

La idea bàsica és que truques a la família i els recites la llista que t'han passat de «coses imprescindibles que s'han de dur de campaments sense les quals la seva filla no pot venir» per veure si ells te'n deixen alguna i t'estalviem **diners.**

Pot semblar estrany, sí, però ho vam aconseguir pràcticament tot. Vaig escampar-ho tot sobre el llit, i una mica més i em moro allà mateix. No exagero. Això és el que hi havia:

✓ Una motxilla tan vella que la meva mare va haver d'apedaçar les parts més rosegades.

✓ L'aïllant que feia servir la meva àvia quan feia ioga a la Llar del Jubilat i que estava tan suat que el podia escórrer i tot.

✓ El sac de dormir del meu oncle d'una vegada que se'n va anar d'acampada amb l'institut (ara té quaranta-tres anys, només has de fer els càlculs); com que la funda s'havia perdut, el vaig haver de portar amb una bossa de plàstic de supermercat gegant.

✓ La cantimplora de la mili del meu pare (es va «oblidar» de tornar-la a l'exèrcit).

✓ La motxilla petita per a les excursions de Dora l'Exploradora de la meva cosina Anna.

✓ Unes botes de muntanya que estic convençuda que la meva mare es va trobar en algun contenidor de les escombraries, tot i que ella em jura que no, i que em van grans.

Bé, deixem-ho aquí. Vaig intentar protestar, però la meva mare em va fer callar:

-No et queixis tant, Sara, l'important és anar de campaments. Ja veuràs com els altres també han reutilitzat el que ja tenien.

Sí, és clar, vaig pensar, les coses de la Marina estaran reutilitzadíííííssimes, el temps que permet reutilitzar-les de la botiga a casa.

Ningú amb dos dits de front es deixaria veure en públic amb aquestes porqueries. El **pla A** que m'havia empescat per no anar de campaments havia fallat, però jo no em rendia tan fàcilment...

CONSELL 7:

SEMPRE TINGUES A PUNT UN PLA B.

El **pla B** era perfecte: aconseguir que els pares em castiguessin!!

Vaig començar la fase 1 amb coses normaletes: passar de menjar verdura i altres coses fastigoses d'aquestes, deixar els mitjons bruts tirats per l'habitació, anar descalça per casa, deixar la ditada als vidres... Aviat vaig entendre que no n'hi havia prou i vaig passar a la fase 2: desobeir a sac.

I aquí van començar els problemes, perquè m'havia sortit una rival. Hi havia una persona que desitjava tant que jo toqués el dos de casa com jo desitjava no anar de campaments.

I QUI ERA? LA RAQUEL.

La Raquel és la meva germana de set anys. Va néixer només per amargar-me l'existència. Sempre, sempre fa el que sigui per tocar-me els nassos i que em castiguin, i ara estava decidida a desempallegar-se de mi per quedar-se com una reina a casa durant dues setmanes.

Així, doncs, va fer mans i mànigues perquè no em castiguessin. **Va ser esgotador.**

Vaig estar tota una setmana corrents d'un costat a l'altre. Jo anava engegant els llums i la tele, i venia ella darrere meu i els apagava. Jo em tacava la roba amb xocolata i salsa de tomàquet i ella la fregava al lavabo; jo desordenava l'habitació, i ella la recollia, l'escombrava i fins i tot hi passava un abrillantador.

La mare em va felicitar: mai no havia vist la meva habitació tan neta i em va dir que cada vegada estava més convençuda que l'havien encertat de ple enviant-me de campaments.

Encara no sé per què, però el meu pla B va fallar. Al final, en comptes de quedar-me sense campaments em vaig quedar sense tele, sense ordenador, sense **Messenger**, sense consola, sense mòbil, i me'n vaig anar a dormir a les vuit del vespre sense sopar, amb els dits fets pols d'escriure tants càstigs... i, a sobre, em van trobar l'iPod de la Marina i em van obligar a tornar-l'hi.

Només trobo una explicació perquè el meu magnífic pla fallés. **ATENCIÓ:**

CONSELL 8:

NO OBLIDIS MAI QUE SI ELS TEUS PARES HAN AVANÇAT ELS DINERS D'UNA ACTIVITAT, ET TOCARÀ ANAR-HI.

La mare continuava enfadada amb mi per «ser tan malcarada» i em va dir que m'espavilés tota sola a fer-me la motxilla. Genial, així la podria organitzar tota jo i no veuria què hi posava!!

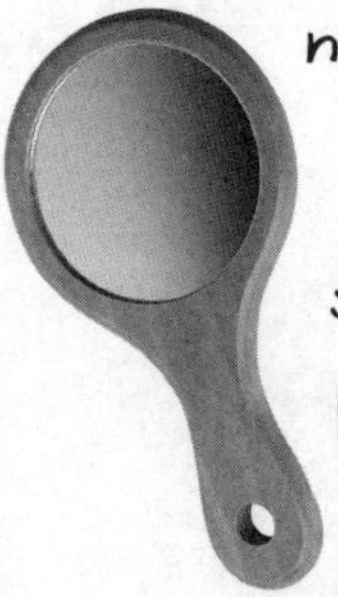

La vaig omplir amb la roba més guai per ser la noia més guapa, evident, i un parell de miralls: un de petit, per dur-lo sempre a sobre, i un altre de més gran, per veure'm-hi bé. Això dels miralls és imprescindible. És molt, però molt important mirar-te al mirall sempre que puguis per veure si descobreixes algun granet nou i atacar-lo així que comenci a treure el cap. Xaf!!

A més dels miralls vaig agafar els productes per combatre els granets: exfoliant, tiretes per a punts negres, CREMES, tovalloletes, el llapis corrector per als granets volcà... Perquè, si en aquest món importa alguna cosa, és exterminar els granets!!! Llàstima, però, que res no sigui suficient.

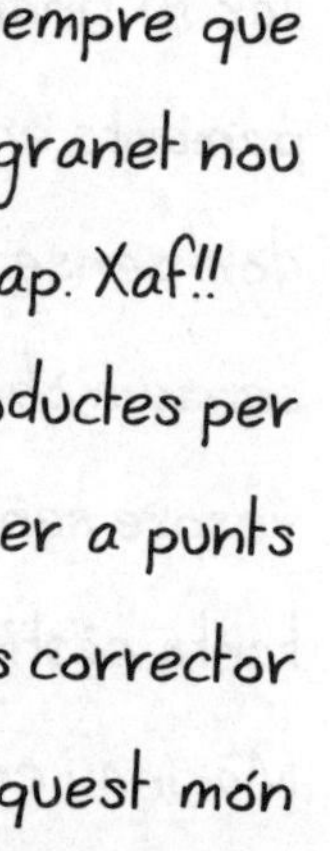

Ah, i també hi vaig entaforar el corrector d'ulleres que li vaig agafar «en préstec» a la meva mare fa un parell de mesos. A ella no li dóna la gana de comprar-me'n un perquè diu que a la llarga és pitjor per als **GRANETS...** A la llarga?? Però si jo tinc dotze anys i visc el dia a dia...

Aleshores va i arriba la meva mare, i el que seria evident per a qualsevol...

ROBA GUAI + MIRALL + CREMES PER A GRANETS + CORRECTOR

MOTXILLA TERMINADA

... no ho era per a ella. El primer que va fer va ser desconfiar de mi...

No em vaig empipar perquè una de les primeres coses que aprens de petit és que els pares desconfien sempre dels seus fills. Perquè sí. Sense cap motiu. N'hi ha prou que diguis «jo no he estat» perquè ells interpretin «i tant que has estat tu».

... i en segon lloc, fer-me buidar la **MOTXILLA.**

-Bonica meva... -em va dir mentre m'abraçava i m'acariciava els cabells-. La meva nena... Tota sola allà dalt, i tants dies...

-Que vols que em quedi? -vaig preguntar-li de seguida.

-No, no, si ja ets gran, però és que per a mi sempre seràs la meva petitona... Va, que t'ajudo.

Ei, ja sé que et vénen ganes de vomitar, però aquest moment de tendresa **mare-filla** va durar molt poc, exactament el temps que va trigar a descobrir el corrector d'ulleres amagat entre les samarretes.

Resulta que ella es pensava que en una motxilla hi havies de portar coses diferents i, en acabar, només quedava lloc per a una crema. Tant me feia perquè vaig pensar que en faria servir una de la Marina, una que és boníssima, de farmàcia (com que és filla única...). M'importava un rave, però vaig protestar moltíssim, per si les mosques...

El pitjor de tot, i amb diferència, va ser la roba que la meva mare volia que m'emportés als campaments: **la més vella i tronada de tot l'armari!!!** T'ho imagines? Com s'entén que vagis a un lloc on et veurà un munt de gent (sobretot nois guapos que no et coneixen de res i que pretens impressionar) i t'emportis la roba més ridícula? És a dir, **samarretes de propaganda!!** Vaig intentar calmar-me i vaig pensar que tampoc no teníem tantes samarretes d'aquestes, però aleshores... va i vénen els avis! Els meus avis es deixen tants diners a la farmàcia amb medicaments que quan hi entren els fan l'onada i els carreguen de caramels, mostres i... samarretes. Nooo!!! Em volia morir allà mateix, però aleshores vaig recordar...

«Au va, Sara, que el cap és per pensar, no només per penjar-hi les arracades. Pensa, Sara, pensa...

CONSELL 9:

DAVANT D'UN PROBLEMA NO T'OFUSQUIS. BUSCA SOLUCIONS ÚTILS.

què pots fer amb aquest mort?», em preguntava jo. Fàcil: i si «perdia» les samarretes que no m'agradaven així que arribés al campament?

Però... encara no ho havia acabat de pensar, que la meva mare, com si tingués una mena de telepatia maligna, va treure d'un calaix **un rotlle de veta amb** el meu nom:

Són de tela, amb cors!!, i s'enganxen amb la planxa i et puc ben assegurar que la publicitat no enganya quan diu que són «permanents».

–Mare, què fas? –vaig preguntar, espantada.

–Marco la roba –va contestar tan tranquil·la–. Així no tindràs el disgust de perdre res, oi?

NOTA PER A MI:

AGAFAR UN RETOLADOR NEGRE GRUIXUT PER RATLLAR EL MEU NOM FINS QUE SIGUI IL·LEGIBLE.

CAPÍTOL 4

I VA ARRIBAR EL DIA DELS ADÉUS.

Per al primer dia m'havia deixat preparada la roba menys ridícula, la que em donés un aspecte més «normal».

CONSELL 10:

ESPAVILA'T, PERQUÈ SI NO LLIGUES DES DEL PRIMER DIA QUE ARRIBIS AL CAMPAMENT, JA NO LLIGARÀS.

Em vaig posar uns texans mig estripats (sembla que me'ls hagi comprat així, ningú no diria que els

duia el dia que vaig caure de la bicicleta) i una samarreta blanca que per davant té un dibuix d'un sol enorme amb uns grans rajos a sobre d'una casa.

Fins aquí, normal, llàstima que a l'esquena hi havia una bota que aixafava el pobre sol i sortia una frase: «Tendals Garcia, aixafen el sol cada dia».

El meu pare va insistir a aparcar a la primera fila de l'esplanada, malgrat que el vaig intentar convèncer perquè deixés el cotxe ben lluny; jo no volia que ningú veiés que el cotxe queia a trossos. Tots cinc fèiem una catipén de suor... perquè el nostre aire condicionat consisteix a abaixar les finestres i a allargar el coll tant com podem.

(SÍ, JA SÉ QUE ÉS UN PERILL I QUE POT PASSAR UN COTXE I TRENCAR-TE EL COLL, PERÒ ÉS QUE NO HI HA CAP ALTRA SOLUCIÓ)

Al mateix moment va arribar un **BMW** impressionant i lluent que va aparcar al costat. Es va obrir la porta i en va sortir una ràfega d'aire gèlid (com la que surt quan obres la porta del congelador).

Jo me'l mirava meravellada, amb un pam de boca oberta, i de sobte en va sortir la Rebeca, la meva gran enemiga. Evidentment, ella no duia **roba vella** o la seva roba vella semblava la roba menys vella del planeta Terra.

CONSELL 11:

NO FACIS MAI CAS A LA TEVA MARE SOBRE LA ROBA QUE T'HAS DE POSAR.

Portava uns pantalons texans que no eren curts sinó minis, com els que anuncien a la tele, una samarreta amb un dibuix de lluentons, sandàlies de plataforma, ulleres d'aviador, un supermonyo, les ungles pintades de blau, i anava tan maquillada com es pot anar amb dotze anys.

Ostres! Que anàvem **a la muntanya!** A la muntanya!! I no a una passarel·la de moda.

La Rebeca em va mirar de cap a peus com si jo fos una formiga i es va posar a riure per sota el nas. L'hauria... . Vaig treure la llista de la butxaca i vaig escriure-hi:

LLISTA D'INTENCIONS PER ALS CAMPAMENTS

- Ser popular.
- Trobar nòvio.
- ASSASSINAR LA REBECA.

–Au va, anem! –va dir el meu pare, que em portava la motxilla–. Allà hi ha la Marina i en Pollastre.

I em vaig allunyar caminant enrere perquè m'estimava més que pensessin que era idiota que no pas que veiessin la meva samarreta per la part del darrere. La Marina, com que havíem quedat pel **MESSENGER,** anava vestida normal i en

Pollastre duia una samarreta superdivertida. Hi sortia el dibuix d'un pollet que mirava un ou ferrat i li cridava: Pep, digám alguna cosa!!.

En Pollastre és el meu amic, és el paio que té les idees més sonades que conec i és capaç de fer les preguntes i les coses més absurdes. Per exemple, ara li ha agafat el punt de fer flexions per tenir «rajola». En realitat es diu Àlvar, però a ell li agrada que l'anomenem Pollastre i així és com es presenta sempre davant de tothom. Feia la sensació que estiguéssim a l'hora del pati, fins i tot va venir la Lourdes, **la directora de l'escola,** per avisar-nos que ens havíem d'acomiadar dels pares i que:

És a dir:

Mou el cul, agafa
la motxilla i porta-la
a l'autocar.

Doncs sí que començàvem bé!!! Què es pensaven? Que érem pares, esclaus, o què?

La Marina va agafar amb dos dits la seva motxilla ultralleugera, amb un sac ultralleuger, unes vambes ultralleugeres... tot l'ultralleuger que només poden ser les coses noves i caríssimes.

A mi, la meva mare em va penjar al coll la cantimplora de l'exèrcit del meu pare; a l'esquena, la motxilla carregada fins al capdamunt; en un braç, el megasac entaforat dins una bossa de supermercat (feia tant d'embalum que ningú no se'm podia acostar a menys de dos metres), i a l'altre, l'aïllant de ioga de la meva àvia...

I SAPS QUÈ EM VA PASSAR?

Quan em van deixar anar, com que allò pesava tant, automàticament... «ah, ah, ah, ah!», **vaig caure de cul a terra** -pataplam!!!- i em vaig quedar estirada d'esquena i espeternegant com un escarabat perquè era incapaç d'incorporar-me tota sola.

Entre la meva mare, el meu pare i la Raquel van aconseguir aixecar-me i vaig ser l'única que va haver de fer tres viatges per deixar l'equipatge a l'autocar. Quan vaig acabar estava suada i cansada. I aleshores va arribar allò que més temia...

... **EL MOMENT DEL PETÓ**.

Perquè resulta que als teus pares, que són els responsables que te n'hagis d'anar quinze dies de la teva pròpia casa, els agafen unes ganes irresistibles de petonejar-te, d'abraçar-te i de plorar!!

-Ai, Sara -plorava la meva mare-, què farem tants dies sense tu?

Doncs, deixeu-me aquí, deixeu-me aquí!!! Res. No hi va haver manera. Així que vam aconseguir **desempallegar-nos** dels pares, vam pujar corrents a **l'autocar.** El que fos per marxar d'allà.

Vaig escollir una finestra de les del final de l'autocar (tothom sap que davant només hi seuen els pringats) i la Marina es va asseure al meu costat. Fins aquí tot bé. Vaig buscar els meus pares per acomiadar-los amb la mà, i vaig veure la Raquel, que reia molt i em picava l'ullet.

Aleshores vaig entendre que era ella la que havia convençut els meus pares perquè m'enviessin als campaments.

-Tornaré!!! Et prometo, pel que més vulguis, que mai més no em tornaràs a enganyar!!!

Per descomptat, la Raquel no em va sentir, però tots els de l'autocar van pensar que jo no hi tocava.

CAPÍTOL 5

L'ARRIBADA AL CAMPAMENT

Abans de començar, t'haig de donar un consell molt, molt important:

CONSELL 12:

PENSA QUE LA PRIMERA IMPRESSIÓ ÉS LA QUE QUEDA.

De totes les desgràcies que et poden passar a l'autocar de camí al campament –que al conductor li agafi un atac de tos i xoqui, que surti un animal del bosc i s'encasti contra l'auto...–, de totes, la pitjor, i amb diferència, és marejar-te. I encara més si t'has empassat tot el que has trobat a la nevera abans de tocar el dos de casa!

Després d'un viatge interminable de revolts, crits i frenades, quan vam arribar al campament **ja no em podia aguantar ni un minut més!!!** Em sentia com el volcà que vaig fer per al projecte de Ciències de tercer. Vaig saltar les escales i vaig mirar d'escapar cap a una pineda (evidentment no volia que ningú em veiés vomitant. «Millor» impressió, impossible). Només vaig aconseguir allunyar-me una mica, perquè -de la mateixa manera que el projecte de Ciències- allò va esclatar quan no tocava...

BUUUMMM

... a sobre del terra i d'unes vambes taronja i plata d'una megamarca supercara. Vaig tancar els ulls i vaig pensar que potser ningú no s'havia adonat de la meva actuació patètica. Aleshores vaig sentir un imbècil que cridava:

–Una sonada acaba de vomitar a les vambes supersòniques de l'Hug!!!, Una sonada acaba de vomitar a les **vambes supersòniques de l'Hug!!!**

De sobte, jo era la protagonista del campament, la més popular. Si les cames no m'haguessin tremolat tant, hauria tret la llista de la butxaca per posar-hi un ✓. Ostres! Si continuava així... a qui aconseguiria de nòvio? Al germà lleig del **Bob Esponja**? Em vaig anotar al cap que havia de fer unes correccions:

LLISTA D'INTENCIONS
PER ALS CAMPAMENTS

- Ser popular. ✓
- ~~Trobar nòvio.~~ Trobar un nòvio guai.
- ASSASSINAR LA REBECA.
- Ser popular per coses bones.

Després d'aquesta arribada triomfal, la que feia pinta de dominar la cosa va començar a dir:

—Welcome to Happy English camp. My name is Nicole, and these are Lluís, Enric, Eva, Àlex, Lara and Maria. We will spend together fifteen amazing days...

Però què passa? **Suposo que no pretén parlar-nos en anglès...** i que l'entenguem... La meva cara deu ser un poema perquè la nena del costat es posa a fer de traductora simultània.

—... quinze dies d'anglès, naturalesa, jocs, esports, piscina, excursions, amics, cançons, *talk shows*...

—Quants anys tens? —li pregunto una mica espantada quan la Nicole acaba de parlar.

Resulta que es diu Carme, Carme Martí, ***i només té nou anys!!*** M'agafen tots els mals en imaginar la Raquel amb tres anys més. Aquesta nena deu ser un prodigi o una cosa d'aquestes.

—Si vols, puc ser la teva traductora oficial —s'ofereix ella.

Com que a aquests petits ja els tinc clissats gràcies a les jugades que la meva germana em fa contínuament, i passo que després em presenti una factura, li pregunto si és gratis, i em diu que sí. Que maca! La Raquel mai no faria res de franc.

–Us explicaré les normes del campament... –continua traduint ella.

–Pots parar –li dic perquè no gasti saliva–, perquè segur que ara ens deixen anar el **discurset dels «no».**

CONSELL 13:

NO PERDIS EL TEMPS ESCOLTANT EL DISCURSET DELS «NO».

La pobra Carme és encara tan petita que ni tan sols sap què és. Li explico que cada vegada que comença un curs, una activitat o alguna cosa nova, al que mana li agafa sempre (no falla) la vena de deixar anar un discurset amb les coses que **no pots fer.**

I no cal escoltar-los perquè es resumeix en:

Està prohibit fer tot el que et vingui de gust o el que et vindrà de gust.

-I el discurs dels «sí» quan el faran? -em pregunta la Carme.

Quina nena més bufona! Li dono uns copets al cap. Només quan ets petit pots ser tan

ingenu de pensar que existeix un discurs dels «sí».

-Tu sí que ets llesta! -em deixa anar amb tota l'admiració del món.

És veritat! Me la miro amb deteniment: és morena, guapa, simpàtica, superllesta... *És com jo, però en petit.* Aleshores se m'acut una idea boníssima (cada dia en tinc a cabassos):

-Vols ser el meu minijo?

Es posa tan contenta... Ah... que bonica és la vida quan només tens nou anys i les coses encara no s'han començat a complicar...!!

La tal Nicole comença a passar llista (en català tampoc no se l'entén gens). La dona deu ser anglesa i forma grups per edats: els més petits (de 1r i 2n), els mitjans (de 3r i 4t) i els més grans, nosaltres, els de 5è i 6è. Això de ser els grans mola.

Tens poder. Ser gran significa que pots manar. I pot haver-hi res **millor**? Doncs pel que sembla, en aquest campament, ser petit, perquè als grans ens fan dormir en unes **INCÒMODES** tendes de campanya.

Un cop ens quedem sols, la Nicole, que és tan vella com la meva mare, tot i que va vestida de cap a peus com una participant del programa *Supervivientes* o com si es pensés que és en Frank de la Jungla, ens proposa un joc.

CONSELL 14:

APRÈN AL MÉS AVIAT POSSIBLE L'IDIOMA QUE ES PARLA ALS CAMPAMENTS.

Quan l'escoltes, tens la sensació que és el mateix que parles tu, i això és un **GRAN ERROR.** Les paraules són les mateixes, però amb un significat del tot diferent. Per exemple:

PROPOSAR → SI SE'T PASSA PEL CAP NO FER-HO, REBRÀS

Et posaré uns exemples que segur que coneixes:

AL MENJADOR DONEM MENJAR SA → MENJAR FASTIGÓS

TINC UNA IDEA QUE T'ENCANTARÀ → A QUI LI ENCANTA ÉS A MI

UN JOC APASSIONANT → EN LA TEVA VIDA NO T'HAVIES AVORRIT TANT

Així, doncs, ens obliga a jugar. I, a sobre, s'ha inventat un joc ***molt «enginyós»***: han amagat tres pilotes i els tres que les trobin seran capitans d'equip. Això vol dir automàticament ser els més populars, així que tothom comença a buscar com si fos boig. Menys la Marina:

—Jo vaig amb tu —que maca—, no et vull deixar sola...

No em direu que no és la millor amiga del món.

CONSELL 15:

TRACTA BÉ LA TEVA MILLOR AMIGA
I NO TE N'APROFITIS.

—...no et vull deixar sola —continua dient— perquè trobaràs una pilota. Veure com vomitaves a sobre d'aquell noi és la cosa més fastigosa que he vist mai, així que ara et passarà alguna cosa superguai. És la **PRIMERA LLEI D'EQUIVALÈNCIA.**

La Llei d'Equivalència la vam descobrir al *Full Metal Alchemist*, un còmic manga: Si et passa una cosa dolenta, a canvi, t'ha de passar alguna cosa bona. Així, doncs, sempre intentem buscar el cantó positiu de les coses, en comptes d'amargar-nos. Potser sembla una ximpleria (a mi abans també m'ho semblava), però funciona.

—Vinga, Sara, anem —diu mentre m'estira del braç—. Has de trobar la pilota.

CONSELL 16:

OBLIDA EL CONSELL 15. ÉS UNA PARIDA.

Que hem de trobar la pilota? **QUE ES PENSA QUE SÓC UN GOS?** Em llenço al primer tros d'herba que trobo perquè ningú no em pugui veure la samarreta pel darrere.

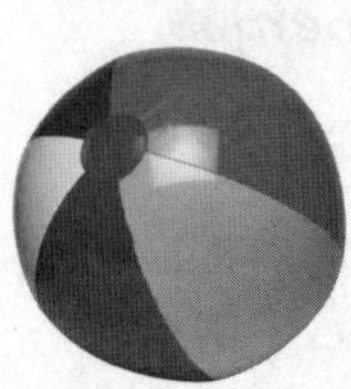

Costa d'imaginar, però la bruixa de la Rebeca és la primera que ha trobat una de les pilotetes.

—Jo, jo, jo! —crida com una esperitada i fa uns saltets controlats, no fos cas que se li desmuntés el monyo.

Les seves amigues aplaudeixen. La pilota porta dibuixat un gat; serà la capitana dels gats.

Arriba un altre noi corrents amb una altra pilota a la mà. No m'hi fixo gaire, després d'això de la Rebeca... La Nicole diu que com

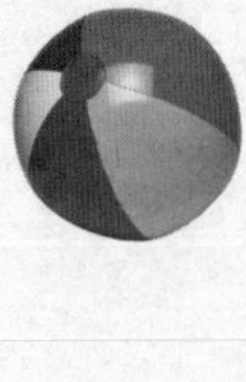

que la seva pilota porta un ós, serà... (suposo que no cal que us ho digui).

M'avorreixo. Ja deu haver passat mitja hora i em moro d'avorriment i a més no paro de sentir un **bum, bum, bum** insuportable. Qui és el graciós que fa botar la pilota en comptes d'anar-la a buscar? **Bum, bum, bum.**

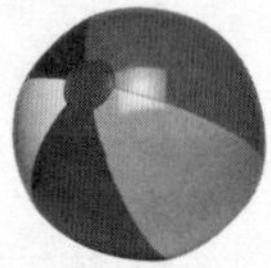

M'incorporo i noto que tinc una cosa clavada al cul. És una pedra? Un pal? Una...? Miro cap a sota de mala gana perquè m'espero el pitjor i què hi trobo? Una piloteta! L'agafo amb la mà i quan encara intento fer-me a la idea d'aquesta troballa, la Marina comença a cridar:

-La Sara l'ha trobat!!! La Sara l'ha trobat!!!

ATENCIÓ: LA PRIMERA LLEI D'EQUIVALÈNCIA FUNCIONA.

La meva té el dibuix d'una... Com? Què és això? Una mofeta?? Qui està tan sonat per dibuixar-hi una mofeta? Així que ara sóc *la capitana de les mofetes*. I què més?!!!

CAPÍTOL 6

LES MOFETES

La Nicole pica de mans perquè parem atenció. «*Please, please.*» És difícil amb tant d'enrenou, el bum-bum-bum, els crits d'alegria de la Marina i les llàgrimes de pena dels que s'esperaven guanyar. Torna a **picar de mans**. Que innocent! Això de picar de mans només funciona amb els d'infantil... bé, i amb els gossos. Nosaltres necessitem una mica més de...

—Qui no calli ara mateix se n'anirà a fer cent flexions!!! —crida un monitor.

Sí, una cosa així. Una amenaça directa i contundent. **SILENCI ABSOLUT.**

–Now –comença la Nicole–, que vinguin aquí els tres capitans. *What are your names?*

–My name is Rebeca Blasco –diu ella amb orgull i un gran somriure.

La molt imbècil ho diu en anglès. Aixeca els braços en senyal de victòria com si en comptes de trobar una piloteta hagués guanyat **Miss Univers.** No la suporto...

La Vicky i un munt de gent de l'escola comencen a aplaudir. Ella, que és una creguda, els saluda amb la mà exactament igual que fan els reis. A sobre, sento algú que diu: «Nano, està bonissima».

Sisplau, que em matin ara mateix per no haver de continuar vivint aquest malson!!!

–Rebeca, you're **the captain of the cats** –diu la Nicole, i li posa una preciosa gorra de peluix en forma de cap de gat que li queda perfecta.

–I am Hug Oliver –diu el noi.

Hug?? No es deia Hug el noi a qui li he...? Em fixo en els peus. Només porta mitjons. Oh, no! **Em voldria fondre ara mateix.**

Miro quina cara té. És ros, amb els pèls de punta, ulls blaus i una piga a la galta esquerra. Ostres! He vomitat damunt del tio més guapo de tot el campament!!! Declaro oficialment avui, 16 de juliol, el pitjor dia de la meva vida, i amb diferència.

L'Hug també em mira i segur que si pogués projectaria uns rajos lluminosos pels ulls per fulminar-me. Ho entenc.

–Hug –diu la Nicole–, you are the *captain of the bears.*

La seva gorra també és bastant guapa. Alça els braços i tothom l'aplaudeix. Ara em toca a mi.

–Jo em dic Sara Berlanga –dic, sense gosar aixecar la vista.

–Sara, you are **the captain of the skunks.**

–Sí, de les mofetes pudents que vomiten –diu la Rebeca al tal Hug, però prou alt perquè tothom ho senti.

La gent comença a riure's. A riure's de mi!!!

—*Be quiet, be quiet* —diu la Nicole mentre em posa la gorra.

I... **QUINA GORRA!!** Sembla una mofeta podrida autèntica esbudellada perquè hi entri un cap. És negra, **rònega**, amb una franja blanca al mig d'uns cabells blancs llardosos, dues orelles i una enooorme cua que pica. Les altres gorres, en canvi, eren la part de dalt d'una disfressa.

—*Boys, girls* —comença a picar de mans la Nicole (t'ho prometo que pica de mans en anglès)—. Ja n'hi ha prou. *Now is the time* que cadascú triï de quin equip vol ser.

Com era de preveure, els nois i les noies que no coneixem se'n van amb l'Hug; i els de la meva escola se'n van com un ramat cap a la Rebeca. Fins i tot la Marina fa el gest d'anar-se'n cap a la Rebeca i el seu equip de gats glamurosos, però jo sóc més ràpida i l'atrapo per **LA SAMARRETA.**

Per explicar la seva traïció, arronsa les espatlles. Normal. Aquí tens el meu consell:

CONSELL 17:

S'HA DE SER COMPRENSIU. NO T'ENFADIS AMB ELS ALTRES PER UNA COSA QUE TU, SI POGUESSIS, TAMBÉ FARIES.

Si jo no fos la capitana, també sortiria corrents. Qui s'ofereix de manera voluntària a fer de mofeta? **De mofeta que vomita.**

Totes dues estem més soles que la una i mortes de vergonya. Tothom dóna copets còmplices amb el colze i riu per sota el nas. Aleshores... en Pollaste abandona el grup de la Rebeca i ve amb nosaltres!!! Estic emocionada.

És una d'aquestes coses que dius que faràs a classe d'Educació per a la **CIUTADANIA**, que qualsevol faria en una situació hipotètica, però que ningú no faria mai en la vida real, on hi ha persones que et poden veure i jutjar.

I aleshores succeeix un miracle caigut del cel: En Jordi Moliner, que fins ara havia passat fins i tot de buscar les pilotetes, ve amb nosaltres.

En Jordi és el nen rebel de sisè i és el més guapo. Ningú no s'atreveix a acostar-s'hi si no és que ell el crida (li tenim una mica de por perquè perd els nervis de seguida). I mai no va sol, sempre va amb els seus guardaespatlles: en Luca i l'Adrià. Sempre? Miro a un costat, a l'altre, davant, darrere, a terra, fins i tot als arbres. No hi són!!! A veure si han caigut de l'autocar?

El cert és que en Jordi sense els guardaespatlles no infon ni la meitat de por (per bé que la meitat és més del que un ésser humà normal és capaç de suportar sense començar a tremolar).

La Rebeca està totalment al·lucinada perquè en Jordi s'ha afegit al meu grup. Jo també, perquè al final de curs estava enfadat amb mi. I si és la seva manera de **fer les paus?**

I, a última hora, també en Pau s'apunta amb nosaltres. En Pau Martínez té el títol del Paio Més Plasta del Planeta Terra, i també se'l coneix per Pau Plasta o Doble P.

–Com volies que deixés sola la meva compi, eh?

Em torno a tapar la boca amb les mans per no vomitar per segona vegada. La Nicole ens comença a numerar: en el grup de l'Hug són **10**, en el de la Rebeca, **9**, i nosaltres, **5**.

–*Come on*, algú haurà de passar al grup de les mofetes. No hi ha voluntaris?

–OK –dubta uns instants–, tu i... tu.

El primer «tu» és **un noi nou,** un xaval musculat i enorme, enorme d'alçada, però sobretot d'amplada. De cadascuna de les seves cames se'n podria fer una Rebeca sencera i sobraria carn per a uns quilos de mandonguilles. Porta una pilota de bàsquet sota el braç i va vestit amb una samarreta groga i morada dels Lakers, que li va gran!!!, talla **XXXXXXXXXXL.**

Jo ja m'havia fixat en ell, és impossible no ferho, perquè és el pesadet del bum, bum.

El segon «tu» és la Júlia. Mare meva, la Nicole ens enfonsarà a tots plegats! La Júlia és una **rata de biblioteca,** és a dir, que estudia moltíssim i porta ulleres.

—No ens cal més gent —s'avança en Jordi, abans que la Nicole ens encolomi un altre FRIKI.

—I la capitana, què n'opina? —em pregunta la Nicole.

Jo? Que què n'opino, jo? Aquesta es pensa que vull que em matin o què?

—Jo, el que digui en Jordi ja m'estarà bé —m'afanyo a respondre.

La Rebeca i la Vicky ja hi tornen amb les seves rialletes estúpides, hi, hi, hi, hi, mentre ens assenyalen amb el dit. No m'estranya, en comptes de ser un equip en condicions sembla que ens hàgim escapat de la CASA DEL TERROR: en Jordi va de tio dur; en Pollastre directament no hi toca; en Pau Plasta, com bé indica el seu nom, és un plasta; la Júlia és una rata de biblioteca; el nou és... és... el Nou. Només ens salvem la Marina i jo que som la mar de normals. Bé, si es considera normal aquell que no tingui res a veure amb la Rebeca.

Entre elles i nosaltres hi ha petites diferències. Per exemple, nosaltres fem servir els llibres per a

alguna cosa més que per posar-los sobre la cadira i seure-hi per semblar més altes. A més, sabem que es poden obrir i llegir!! Adorem tot el que sigui japonès. **Som otaku.** A nosaltres ens agrada el manga i l'anime! Ja, ja sé que no està de moda. Però què passa? Que som rares per no escoltar ni veure el que escolta i veu la majoria? Potser sí. Però rares en el bon sentit de la paraula.

CONSELL 18:

FES SERVIR LA IMAGINACIÓ, NO ET MORIRÀS PER NO FER SEMPRE EL QUE DIUEN ELS ALTRES.

La Júlia no para d'estossegar. Treu un inhalador de la butxaca, se'l fica a la boca i, xas!, s'empassa una bona alenada. La Júlia té al·lèrgia a gairebé tot, per bé que això no és un problema per a ella, perquè ha sabut trobar-hi el costat bo i s'estalvia de fer el que no li ve de gust.

–Com et dius? –li pregunta en Pau al Nou.

Bum-bum-bum. El tio no para de fer botar la maleïda pilota.

–Lebron, i aquesta és la James.

Bum-bum. Ostres! ***Ha batejat la pilota???*** Ai, mare!

–És aquest el teu nom? –pregunta en Pollastre, al·lucinat–. Que els va passar alguna cosa als teus pares quan vas néixer i s'han volgut venjar de tu amb aquest nom?

–En realitat –bum, bum– em dic Àlex –bum, bum–, però m'agrada més Lebron.

BUM. BUM. BUM. BUM.

En Pollastre li somriu comprensiu. Ha trobat un amic. A mi tant me fa, perquè jo el continuaré anomenant el Nou.

CAPÍTOL 7

ELS MONITORS

Què és un monitor? Els monitors són aquells individus que et trobes als campaments, que només són uns anys més grans que tu, i que **ES PENSEN QUE ET PODEN MANAR** com si fossin els teus pares o els mestres. N'hi ha que són macos, però d'aquesta mena n'hi ha ben pocs...

Ells justifiquen que poden manar perquè han fet uns cursets. Ja. I quins cursets! Seuen en una cadira i els expliquen el gran secret que han de saber si volen dedicar-se a fer de monitor. I aquest gran secret és ben senzill: existeix una resposta universal a qualsevol pregunta o dubte.

Aquesta resposta universal és –tatxin-tatxan! (repiquen els tambors per augmentar l'emoció)–: NOOOOO.

CONSELL 19:

NO PERDIS EL TEMPS DEMANANT RES A UN MONITOR: TOTS CONEIXEN LA RESPOSTA UNIVERSAL.

Un cop organitzats els equips, la Nicole desapareix per anar a «alegrar» el dia als altres nens i ens deixa sota la custòdia de dos monitors que ens informen que ha arribat l'hora d'elegir* tenda i companys. La noia sembla guai; vaja, que sembla *hippy*, la millor classe de monitor que et pot tocar, perquè els hippys passen bastant de seguir les **normes** i són els més simpàtics.

Es diu Eva, porta rastes, pantalons bombatxos multicolors, samarreta i un mocador verd al coll. Tan bon punt veig l'altre monitor, en Lluís, se'm dispara el detector de monitors en pràctiques. Duu roba de muntanya supernova (ho sé, sobretot perquè s'ha oblidat de tallar l'etiqueta de la samarreta) i un mocador al coll com els que em posa la meva mare quan tinc angines. És seriós i ensopit, i això que encara no l'he sentit parlar.

–Les tendes són individuals? –pregunta en Pollastre.

–Sí, és clar, **INDIVIDUALÍÍÍSSIMES** –li contesta en Lluís, el simpàtic.

–No els prenguis el pèl, Lluís... –diu aleshores l'Eva.

Bufa! Sort! Ja deia jo que era impossible. Jo necessito mínim, mínim, dues tendes: una per a mi i les meves coses, i una altra per al meu sac.

–... a cada tenda n'hi van cinc –cridem tots.

Ciiiiinc? Els monitors són molt hàbils tallant les protestes; en Lluís ens amenaça subtilment:

(Veure el diccionari del final del llibre)

—Comenceu a escollir* vosaltres o voleu que organitzi jo les tendes?

Ja veus que la paraula escollir* també és una de les que t'he advertit que té un significat diferent en l'idioma campament.

—Jo vull anar a aquesta amb en Pollastre —escull de seguida en Pau Plasta.

—Nooo —contesta en Lluís.

—Doncs a aquella d'allà, si no.

—Nooo.

En Pau Martínez continua preguntant, perquè és una mica imbècil i encara no ha pillat que hi ha una resposta universal.

En Lluís opta per ignorar-lo (és l'altra cosa que els ensenyen al curset de formació).

—I tu, a quina vols anar? —li pregunta a una nena.

—Vull anar amb l'Elena —contesta ella tot **assenyalant** la seva amiga.

Aleshores, a una li enganxa al front un gomet de careta somrient, i a l'altra, un triangle, i les envia a dues tendes diferents. Els altres triguen a enten-

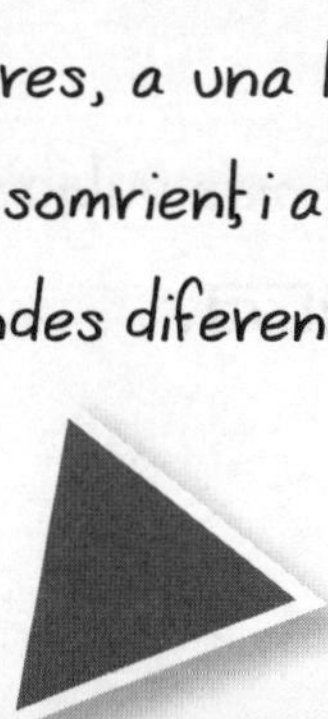

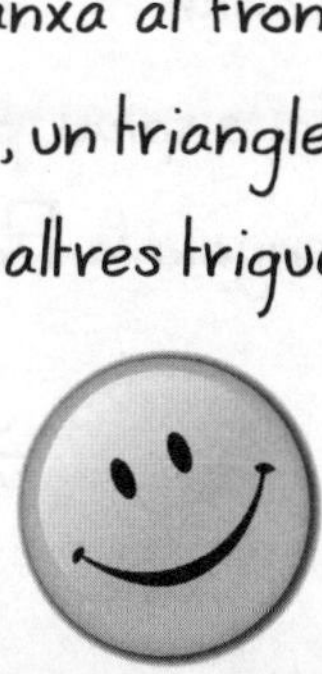

dre el truc que fa servir; jo ja l'he caçat fa estona: **l'estratègia de tot el contrari!!!**

CONSELL 20:

PER COMBATRE «L'ESTRATÈGIA DE TOT EL CONTRARI» FES SERVIR TU TAMBÉ «L'ESTRATÈGIA DE TOT EL CONTRARI».

Sembla una mica embolicat, però és molt senzill: la qüestió és dir el contrari del que penso perquè, quan ell li apliqui el contrari, la cosa quedi contrarestada.

De seguida em toca triar a mi i em pregunta amb qui vull anar.

–Amb ella, sisplau, pel que més vulguis!!! –dic jo mentre assenyalo la Rebeca.

Faig cara de baixar dels núvols (com la de Pau Martínez, vaja), perquè no s'adoni del meu pla. La Rebeca és tan creguda que ni tan sols s'estranya que l'hagi escollit.

Em posa un quadrat tot i que quan el monitor se'n va cap a la Rebeca, el meu pla se'n va en orris. La **molt burra** (que realment no ha pillat res) comença a protestar i a dir que no pensa dormir **amb mi** dins una tenda, que jo he vomitat per tot el campament (com exagera!), que faig una pudor terrible (torna a exagerar perquè només em fa pudor el cap, i és per culpa de la gorra), que el meu sac és enorme i ocuparà tota la tenda (aquí ja no exagera tant)...

No se m'acut cap manera per fer-la callar.

Bé, si haig de ser honesta, sí que se m'acut una cosa per fer-li **TANCAR AQUESTA BOCA TAN GRAN:** seure amb el meu preciós cul damunt la seva cara. Però no és gaire discreta i els monitors se n'adonaran per més babaus que siguin. Que ho són.

I la Rebeca insisteix tant que el monitor **S'EMPIPA** i entén que hi ha gat amagat, que potser no som tan amigues (el fet que em digui *friki*, imbècil i fastigosa hi ajuda).

–Les dues juntes a la segona tenda –i li enganxa també un quadrat al mig del front.

Un quadraaat!! No m'ho puc creure. Compartir tenda amb la meva superenemiga? Que una nena de casa bona com ella vegi tota la meva col·lecció de samarretes rònegues i la motxilla tronada que porto?

–Si us posem amb la vostra millor amiga –explica l'Eva quan em veu la cara–, només parleu amb ella i us perdeu l'oportunitat de conèixer altres persones que també són molt guais.

Perdre l'oportunitat de conèixer altres persones que també són molt guais? Aquesta és *hippy* o l'han disfressat per enredar-nos?

Això de conèixer altres PERSONES sempre és una excusa, que no et prenguin el pèl, no te la creguis. Per què haig de voler parlar amb els altres si ja tinc els meus amics i jo el que vull és estar amb ells? Per què em vull relacionar amb la Rebeca si ja sé que és una bruixa? Què volen? Que ho comprovi?

La Rebeca ha esgotat la paciència d'en Lluís i comença a repartir adhesius com un boig: quadrat plas! quadrat, plas! i quadrat plas! Enxampa les que té més a prop: la Vicky, la Marina i una noia que no coneixem de res.

–Aneu a buscar les motxilles i cadascú que vagi a la seva tenda –ordena l'Eva.

Aleshores passa un misteri: **la motxilla** de supermarca de la Rebeca **ha desaparegut**. Els monitors avisen la Nicole i la gent comença a buscar-la. Fins i tot jo la busco entusiasmada: m'encantaria clavar-hi un cop d'ull per dins abans de tornar-l'hi!! Escorcollen les tendes per veure si es tracta d'una broma, però no surt per enlloc.

Però la cosa encara és millor quan la Nicole diu que **la motxilla** se'n deu haver anat amb l'autocar de tornada a la *city* amb els altres *children* i que no sap quan la recuperaran, però que no s'amoïni, perquè, mentrestant els seus companys (nosaltres) li deixarem tot el que necessiti. **HA, HA, HA.** Retinc fort les mans per no aplaudir d'alegria.

-Jo, amb roba barata d'aquests pringats?? -crida la Rebeca amb les galtes tan enceses que quasi li surt fum pel cap-. Trucaré als meus pares perquè us denunciïn...!!!

-Abans de pujar a l'autocar -la talla la Nicole- us han explicat que cadascun de vosaltres assumia el compromís d'encarregar-se del seu propi equipatge, un compromís que tu no has complert. Hauré de penalitzar l'equip dels gats amb un **-2.**

Els gats ara s'han convertit en els «gats enfadats», i si continuen per aquest camí, acabaran sent els «gatets assassins de la seva capitana». Perfecte! Anem bé!

—Teniu una hora per instal·lar-vos còmodament —continua la **Nicole** tan tranquil·la.

«Instal·lar-vos còmodament», suposo que ja ho deus haver vist; és una altra d'aquestes expressions amb un significat diferent. N'he detectat tantes com aquesta que he pensat que el millor és escriure un **diccionari** i col·locar-hi un asterisc * al costat quan apareguin.

(CONSULTAR AQUEST DICCIONARI POT SALVAR-TE LA VIDA)

CONSELL 21:

BUSCA AL **MINIDICCIONARI DE SUPERVIVÈNCIA** LES PARAULES QUE NO SÀPIGUES.

—*At three o'clock*, se servirà el dinar en aquest edifici d'aquí. És el menjador.

Què t'hi jugues que la paraula **«dinar»** és una d'aquestes amb un significat que no té res a veure amb el de casa teva, on pot voler dir patates fregides, macarrons gratinats (no tipus pastarada), ous fregits, pizza, canelons... però ignorava que «se servirà» també tingués un altre sentit. Així, doncs, la frase, marcada amb asteriscs, quedaria així:

—A les **tres**, se servirà* el dinar* en aquest edifici.

És el menjador*.

Com que és el nostre primer dia, s'esforcen molt en el menjar i ens preparen els nostres plats preferits: patates, ous fregits, macarrons, hamburgueses, pizzes... Deixen que ens posem tan quètxup i maionesa com vulguem, beure Coca-Cola (amb cafeïna) i després hi ha un munt de gelats, pastissos, caramels...

Ha, Ha, Ha

(SÓC JO QUE RIC PERQUÈ T'HO HAS CREGUT)

Seria així si el món fos just. Au va, espavila't, que estàs en un campament i no en un món feliç.

En la vida real, com que estem **morts de gana**, llancem les motxilles de qualsevol manera dins les tendes i comença la cursa cap al menjador, a empentes i rodolons, i si cal fent la traveta... A la porta es fa un bon tap i empenyem, empenyem i empenyem. Veig que Pau Martínez cau i de seguida desapareix entre una allau de peus. Tant de bo el pogués ajudar, però és que ara l'únic que compta és aconseguir un bon lloc! (segur que ell també s'ho estima més).

FALTEN CINC MINUTS PER A LES TRES. Seiem a les taules, preparats amb una forquilla a la mà i un ganivet a l'altra. Un de la taula del costat ha aconseguit colar un matxet. Sí, tenim gana i som perillosos!

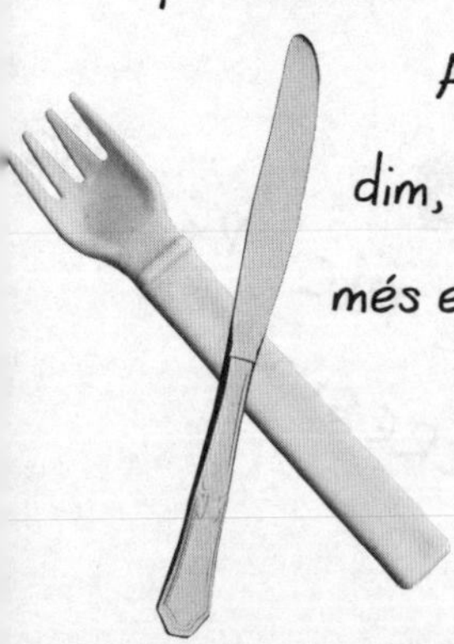

Arriben les safates de menjar.* Aplaudim, emocionats. Sembla un casament, només ens falta la música, però aleshores...

Pensa en el pitjor, **pitjooooor menjar** que t'hagin donat mai al menjador: saps aquells purés que podries fer servir de ciment per construir una paret? Saps aquells àpats que hi claves la forquilla i ja no hi ha manera d'arrencar-l'hi? I aquelles coses que semblen croquetes però que si en llences una al cap d'algú el pots matar...? Bé, doncs multiplica per mil milions aquesta porqueria.

–Si semblen excrements del fastigós Sauron, el Senyor Fosc –diu en Pollastre.

En Pollastre se sap al peu de la lletra *El Senyor dels Anells*. Li agrada tant que cada any proposa que substitueixin l'anglès per l'idioma èlfic com a llengua estrangera.

En aquest moment entra en Pau Martínez. Amb l'emoció del menjar **M'HAVIA OBLIDAT D'ELL!** No fa gaire bona fila: les ulleres li pengen d'una orella, va despentinat, amb la roba bruta i destrossada, i arrossega una cama. Jo no sóc cap egoista com la Rebeca i em prenc molt seriosament la responsabilitat que tinc com a capitana, així que li faig un lloc al banc. A l'altra punta del banc, és clar, perquè a sobre **FA UN TUF.**

Torno a mirar les safates, està clar que l'aigua que són les sobres del sopar d'ahir. La porqueria que no van voler els que han marxat amb el nostre autocar; la porqueria que s'ha quedat unes hores a l'aire lliure perquè s'hi passegin totes les bestioles del món. I aleshores se'm passa pel cap una idea esgarrifosa: **els insectes pixen i...?** M'agafa un calfred. És un d'aquells moments tan estranys en què m'hauria agradat estar més atenta a les classes de Medi.

CONSELL 22:

RESISTEIX LES GANES DE MENJAR. NO MENGIS RES SOSPITÓS. ÉS PITJOR EL REMEI QUE LA MALALTIA.

Per sort, ens vam lliurar de menjar, perquè per a la Nicole «servir* el menjar*» consisteix, bàsicament, a fer servir el famós mètode de burro l'últim!: deixar tres o quatre safates a les taules i que cadascú s'espavili. En veure la pastarada, només el sonat d'en Pollastre s'hi atreveix.

Aleshores em fixo en la **JÚLIA.** Li han posat una safata per a ella soleta i menja com un bou, fins i tot té un filet de carn!! Que ha pagat un suplement especial? Que n'hi havia un de menjar comestible que jo no he vist? **Els seus pares la deuen estimar molt.**

–Ja veig que teniu poca gana –diu la Nicole al cap d'una estona–. *Of course*. Després del viatge i les emocions, és normal. Segur que a l'hora de sopar ja us haurà vingut la gana.

Sopar? Ens tornaran a treure més «diarrea de Sauron»? Oh, no!!! Quant de temps pot aguantar un cos humà sense menjar??? Toquem ferro i que siguin quinze dies per no haver de provar aquesta potinga marciana.

–*Every day* –continua ella–, aquesta serà l'estona de *free time*, de temps lliure; però avui l'aprofitarem per explicar el funcionament del campament*

Passo d'escoltar. Em distreu molt la música de fons. La música de fons és **el soroll dels budells que reclamen menjar.** N'hi ha que ho fan en anglès: *please, please,* aviam si així els fan més cas. *Please, please,* dóna'm el que sigui, encara que sigui un bocí de pa... Cada vegada remuguen més fort.

La Nicole i els monitors no senten res. Potser han endrapat d'amagat tot el nostre menjar i s'han fet un tiberi tan impressionant que els surt per les orelles i ara hi tenen un tap.

–*Now* –crida la Nicole–, ha arribat el gran moment que esperàveu.

El gran moment? Que tot era una broma i ara trauran els plats de debò?

–Farem una visita a les **instal·lacions** –diu ella, tota contenta.

Per la remor de disgust que se sent, sé que no sóc l'única que ha pensat en això del menjar.

–Abans, però, s'ha de desparar taula.

Molt bé. Passen uns quants minuts. **NINGÚ** no mou ni un dit.

–Què espereu? –pregunta, finalment, la Nicole. Se la veu enfadada.

–Que vinguin unes monitores de menjador o algú altre a recollir –contesta en Pollastre.

A mi em sembla molt lògic, és exactament el que esperem tots. ERROR. PIIIIIIIIIIII!!! No és la resposta correcta.

CONSELL 23:

NO ET REFIÏS. DE VEGADES LA RESPOSTA MÉS LÒGICA NO ÉS LA CORRECTA.

–Com pots tenir la barra de contestar-me?! –diu realment enfadada–. Com et dius? De quin equip ets?

–Em dic Pollastre **i sóc de les mofetes...**

–Pollastre? Això és un nom? –s'estranya la Nicole–. Bé, tant és, **2** punts negatius per a les mofetes.

Dos punts negatius? Per què? Per contestar a la seva pregunta? Que no volia que la responguéssim? Si no... per què pregunta...??

No t'ho creuràs: pel que sembla pretenen que siguem **nosaltres mateixos** els que recollim i netegem. I no només avui, també tots els altres dies.

Acabem de seguida perquè tenim els coberts i les safates supernets; excepte en Pollastre, que neteja la forquilla segons el procediment d'urgència: se la fica a la boca, la llepa i l'eixuga amb la samarreta. Ja està, ja torna a brillar!

Quan surto vaig fins a la Júlia i li pregunto quanta pasta ha pagat de més pel menjar (si no hi ha gaire diferència intentaré convèncer la meva mare quan hi parli).

-No he pagat res! És que sóc celíaca.

Celíaca? Què és això? Una religió? A l'únic a qui he vist que li donaven menjar diferent al menjador és a l'Emir, que és musulmà.

-I on l'has d'apuntar? -decideixo preguntar-li-. Qualsevol cosa a canvi de menjar decent.

-Que divertida ets, Sara! Celíaca vol dir que no puc menjar res amb gluten, res amb blat... perquè, si no, em poso malalta.

-I això s'encomana? -li pregunto decidida a contagiar-me. Espero que sigui una cosa ràpida i que no faci mal.

La Júlia es peta de riure.

Aquesta gent no es cansa de manar, són autèntiques màquines. D'acord, sí, dir que un monitor és un manaire és obvi, no pot fer altra cosa, oi? Però és que es passen de mida: «a les tendes, a menjar, a recollir, poseu-vos en un grup per fer la foto per al bloc i que els pares vegin que bé us ho passeu...».

Ara toca requisar-nos les nostres coses.

Comencen pels mòbils. N'hi ha que protesten, sobretot la Rebeca. La gent mira que n'és, de curta. És evident que ens han d'incomunicar per tractar-nos com si fóssim bestiar.

Continuen amb el menjar. Està prohibidíssim guardar res de menjar; ens tornaran el que hàgim portat l'últim dia dels campaments. Per uns moments tinc un atac de pànic. Ahhh!!! A veure si ens hem equivocat i ens hem apuntat a uns campaments per fer dieta en anglès? Seria de l'estil: **aprima't i aprèn un nou idioma.**

Després vénen els diners. Els diners?? Sí, home, abans em trec el cor i l'hi dono.

Portar diners és l'únic que val la pena d'anar de campaments. No em pregunteu per què, però:

JO + TENDA DE CAMPANYA = $

És una de les coses que has d'aprendre quan creixes: si un fill, nét, nebot... se'n va de campaments, li has d'afluixar pasta. De la mateixa manera que, si compres **llaminadures,** les has de pagar. Aprèn bé aquest consell:

CONSELL 24:

NO CAL QUE T'ESFORCIS A FER-TE EL SIMPÀTIC AMB LA TEVA FAMÍLIA. ENCARA QUE NO HO SIGUIS, ET DONARAN PASTA PER ANAR DE CAMPAMENTS.

Igualment et donen la pasta. Per tant, no cal que facis totes aquestes rucades que tant els agraden, ni cal que els facis petons ni abraçades (si és que no et ve de gust, és clar). No cal.

JO VAIG RECOLLIR VUITANTA EUROS i, per descomptat, porto tots els diners al damunt -tots menys els deu euros que em va donar la meva tieta Carme, perquè com que és la primera vegada que em dóna propina, he pensat que és una prova que els miracles existeixen i els emmarcaré-. Tant me fa que al full de les instruccions recomanessin que portéssim «una quantitat» d'entre vint i trenta euros.

Bé, reprenent el tema del campament, aquest consell és molt important:

CONSELL 25:

MAI DE LA VIDA NO DONIS TOT ELS DINERS ALS MONITORS, AMAGA-TE'N UNS QUANTS.

No t'escorcollaran. O això crec. I durant els campaments poden sorgir un munt **D'IMPREVISTOS.**

Mentre els monitors entren a les tendes a buscar els mòbils i els diners... aprofitem per menjar a corre-cuita bona part de les provisions. Ningú no és tan burro per donar-los-les. I el millor lloc per guardar el menjar és a **LA PANXA.**

Els normals sortim dissimuladament, mastegant i amb les samarretes plenes d'engrunes. Els altres... Pau Martínez porta tanta xocolata a la cara que sembla un ou Kinder; l'Adrià, que és un porc, deixa anar un rot que ressona a les muntanyes i tenim por que no caigui una allau; la Rebeca... la Rebeca sembla molt fina, però, quan ningú no la veu, és molt basta, així que s'ha entaforat dos grapats de patates fregides a la boca a l'últim minut.

De sobte, la cara se li posa de mil colors i comença a emetre sorolls estranys i a fer saltets.

Déu meu, com li agrada fer-se notar! Ara s'endú les mans al coll. Què fa? Mímica?

–Ei! **Que s'ha ennuegat!** –diu algú.

Sí, si ja me n'he adonat, però la mímica li surt fatal, exagera massa.

–Que s'ofega de veritat!!! –crida la Vicky.

Com que som molt amables i ens preocupem per la seva salut, anem passant i li anem donant copets a l'esquena que no serveixen de res, tot i que... ens ho estem passant la mar de bé! Quan la cara se li posa morada, és evident que hem de canviar d'estratègia. Què fem? **Li clavem els cops per davant?**

Aleshores recordo un exercici que vam aprendre al curset de primers auxilis... Jo l'agafo per l'espatlla i li clavo cops de puny sota el tòrax, i aleshores apareix la Nicole.

–Però, què fas? –em pregunta.

S'ha de dissimular! No pot descobrir que amaguem menjar! Què li dic?

—Ens ensenya la maniobra de **Heimlich.** Podria ser útil als campaments —li etziba l'Hug.

Bufa, a sobre de guapo és un mentider de primera.

CONSELL 26:

SI VOLS QUE ES CREGUIN LES MENTIDES, DEIXA-LES ANAR RÀPIDAMENT I AMB SEGURETAT.

—*Good, good. It's a fantastic idea!*

Just aleshores, de la boca de la Rebeca surt disparada **una pluja de trossos de patates fregides** que aterren a la camisa de la Nicole. L'Hug s'avança i ràpidament les hi espolsa.

—És que ha de ser molt real... —li diu, i somriu.

La Nicole ens mira emprenyada, però decideix creure'ns. Així que se'n va, **DEIXO ANAR LA REBECA.**

CAPÍTOL 9

Les regles del joc

La visita al campament és molt ràpida (ells van de sobrats i en diuen «instal·lacions»*). Al començament tot és ben normal, ja m'entens: la pista de bàsquet, les tendes dels monitors, la infermeria,* on només pots anar si t'estàs a punt de morir, aquesta mena de coses. Ara bé, és normal **fins que arribem als lavabos.**

—No hi ha banyera? —pregunta la Rebeca, decebuda.

Pel que sembla, el problema és que el dia en què tocava construir els banys, el paleta tenia ganes

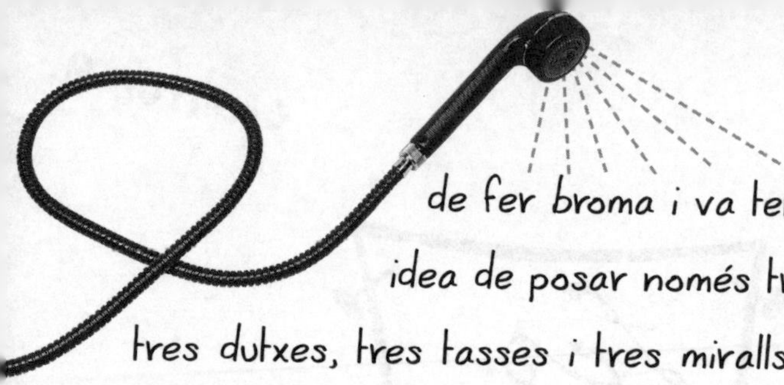

de fer broma i va tenir la genial idea de posar només tres lavabos, tres dutxes, tres tasses i tres miralls per a vint preadolescents!!!

T'ho pots creure? **Que ningú no li va explicar això dels grans o què?**

Ara sé que la meva mare va cometre un gran error quan va treure els miralls de la maleta i en el seu lloc hi va posar mitjons nets.

–*Now* –diu la Nicole–, revelarem les regles del gran joc per equips. L'equip que aconsegueixi més punts serà l'equip que guanyarà, *the winners*.

Traduiré el que explica perquè no sempre és fàcil entendre-la (la pobra es fa un embolic i va colant paraules en anglès). Bàsicament, som tres equips. La Nicole demana als capitans que ens aixequem: la Rebeca i l'Hug es posen les gorres, i jo, **LA MOFETA MORTA.**

–Les mofetes, no, els *frikis* –sento que diu la Rebeca clarament.

Els punts s'aconsegueixen per **coses tan absurdes** com mantenir una tenda neta i ordenada, treure excel·lents a les classes d'anglès, mostrar un bon comportament (au va!) i guanyar els divertits jocs* que ens proposaran* aquests dies de campaments.

–I el premi –continua la Nicole–, *the prize of the competition is great, fantastic...*

És clar!!!, ara entenc per què ens donen aquest menjar tan fastigós... perquè s'han gastat els **535€** euros que costa el campament comprant un *fantastic* regal. Què serà? Una Wii, un ordinador, una Play? Un iPod?

Toco ferro. Un iPod, un iPod, un iPod, un iPod.

– *The prize is a diploma!!*

«Diplouma»? Ha dit «diplouma»? Quina manera més estranya de dir iPod en anglès....

–Què ha dit? –pregunto a la Marina, que, com que va tres dies a la setmana a una acadèmia, en sap força.

-Que el premi serà un diploma.

-Un iPod?

-No, burra, un diploma, un diploma -i amb els dits dibuixa a l'aire un rectangle.

-Un diploma!! -crido tan fort que la gent es gira per mirar-me.

CONSELL 27:

MAI NO CREGUIS QUE ELS REGALS DELS CAMPAMENTS SÓN BONS.

La Nicole s'estima més ignorar-me olímpicament i ens proposa* el primer joc: lluita de globus.

Li dóna a cadascú **un globus** perquè l'infli i se'l lligui amb un cordill al turmell de manera que quedi penjant una mica separat del cos. S'ha d'aconseguir fer esclatar els globus dels membres dels altres equips. Tan bon punt esclafen el teu globus, t'eliminen, i així fins que només queda un jugador.

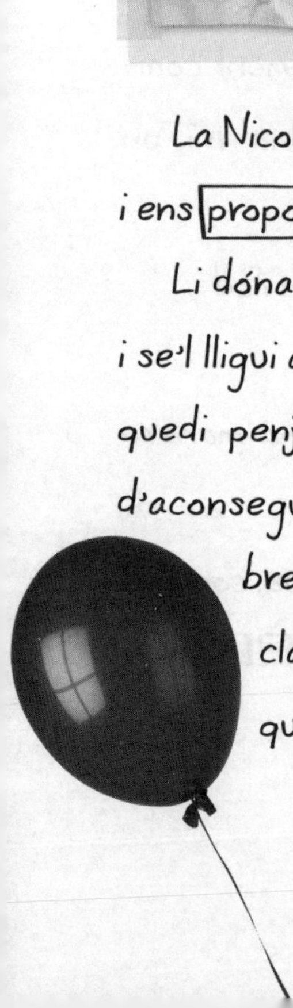

El màxim guanyador aconsegueix quinze punts, el segon, cinc, i per a cada globus que rebentes, un.

No sé si aquesta és la seva intenció, però amb els globus lligats al turmell ja fem **una fila D'imBècils rematats.** Sona un xiulet i la gent comença a fer saltirons i a trepitjar els altres com si els estigués a punt de picar una vespa. Jo passo. M'aparto de tothom. Passo d'esforçar-me per un diploma.

Des d'on sóc ho controlo tot perfectament. Veig l'escabetxada que rep el meu pobre equip. A en Pau Plasta, evidentment, és a qui primer **rebenten el globus.** La Júlia encara s'està posant bé les ulleres i ja ha mort. Jo tenia les esperances posades en el Nou, però s'estima més perdre de seguida per continuar amb el seu bum-bum i encistellar la pilota (sense comentaris). A en Jordi, en canvi, no hi ha ningú que s'atreveixi a tocar-lo i els està clavant una bona pallissa, anem bé! Però, ep!, què passa ara?

Veig la Rebeca, que ni tan sols s'ha tret la gorra de gateta. I amb **cara** de lligar (no sé com s'ho ha fet però la tia, que fa un moment gairebé s'ha mort ha tingut temps de posar-se *gloss* als llavis) s'acosta a dos dels nois que no coneixem, dels de l'equip dels óssos, i tots dos deixen que els rebenti els globus -pim, pam- com si res, i a sobre li **SOMRIUEN** amb cara d'idiotes. Quèèè?

Per aquí sí que no hi passo! Per això m'he molestat a salvar-li la vida? En teoria, després d'una experiència com aquesta, et tornes un sant o alguna cosa així, oi?

I la meva consigna és: **combat les injustícies.**

Per guanyar un diploma no penso moure ni un dit, però per fastiguejar la Rebeca...

Em dirigeixo a ells esquivant els uns i els altres. Passo corrents al costat de la Marina, que està a punt de plorar perquè li acaba d'esclatar el globus. Continuo. De sobte, la Vicky es planta davant meu i em bloqueja el pas.

D'on ha sortit? Tant hi fa, és ella o jo. Ens mirem als ulls. Estic rabiosa. Aleshores em deixa anar una puntada de peu que aconsegueix arribar fins al meu globus. **NOOOOOOOOO!** Miro cap als peus i encara el tinc allà, blau, sencer i pansit.

CONSELL 28:

SI NO VOLS QUE FACIN REBENTAR EL TEU GLOBUS, FES SERVIR EL TRUC D'INFLAR-LO POC.

Si el teu globus està poc inflat és més defícil fer-lo esclatar, però tampoc no et passis i el deixis de la mida d'una oliva, perquè se n'adonaran. Trampa? No, d'això se'n diu aprofitar els avantatges.

-Fote't!! -li dic.

Ara em toca a mi. Estic decidida a etzibar-li una puntada de peu al globus groc de la Rebeca, quan, en una ràfega d'inspiració, em ve al cap el dibuix de l'esquena de la meva samarreta, el de **«Tendals Garcia, aixafen el sol cada dia»**, i entenc que aquesta és la meva jugada: res de donar-li una puntada de peu, millor alçar la cama i matxucar-lo des de dalt.

Plaf. Amb les vambes aixafo el 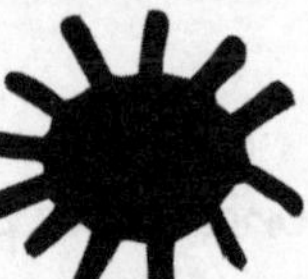 de la Vicky en un segon –sí, sí, sí, sí!!!–. S'ha quedat de pasta de moniato i se li posa una cara que no puc parar de riure.

Això és genial, perquè ara ja sé quin és el truc. No se m'escaparà ningú. Som pocs els que quedem i guanyaré. **I TANT QUE GUANYARÉ!**

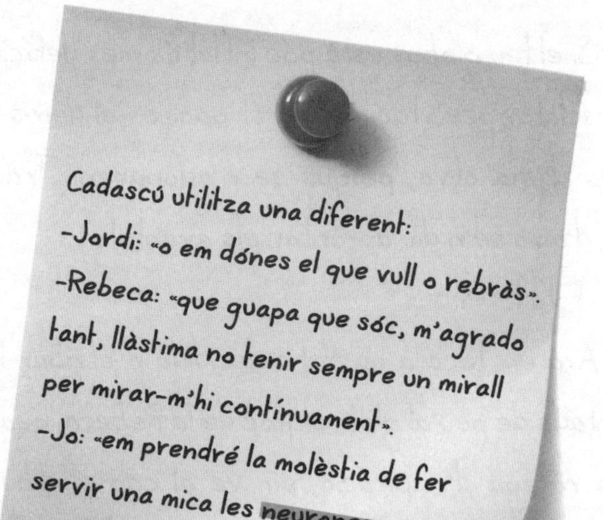

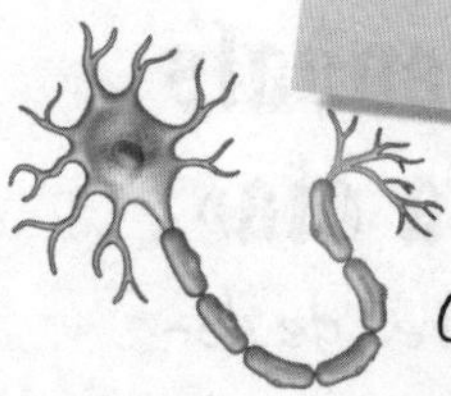

Continuo avançant cap a la Rebeca. Veig un paio encantat que mira cap a una altra banda i no s'adona de res (com sol passar amb tots els paios que estan a tres quarts de quinze), aixeco la vamba i li esclafo el globus en dos segons -plaf- i continuo. Imparable. Sóc una màquina de trepitjar. Ningú no em pot **ATURAR.**

Aleshores, quan estic a punt d'atrapar la Rebeca, passa una cosa inesperada. Apareix de sobte en Jordi i es planta davant nostre. La Rebeca fa servir el mateix truc que amb els altres nois (el seu pobre cervell no dóna per a més), li somriu amb la seva cara de lligar i es toca els cabells. Mare meva, **si belluga les pestanyes i tot!!** És increïble. Això no és trampa o què??

-Jordi, Jordi!! -crido jo per despertar-lo de l'encanteri.

No em sent. Cada vegada s'acosta més i més a la Rebeca, que ja llueix un somriure triomfant a la cara. Gairebé estan enganxats. Passarà l'inevitable! I aleshores... en Jordi alça ràpidament la cama i li esclafa el globus. **IMPRESSIONANT.** M'emociono en sentir el plaf de l'explosió al meu costat.

-Gràcies per posar-m'ho tan fàcil -sento que em diu algú.

Miro cap a terra i... han **MORT** el meu pobre globus!! Just al costat veig unes vambes taronja i platejades.

(Pel que sembla, els monitors les han rentat i ja les han assecat. És l'avantatge de les coses supercares; en canvi, les meves vambes de la famosa marca «sense marca» tarden més d'una setmana a assecar-se).

No m'ho puc creure. Que algú pitgi el botó de **rebobinaaaaar**, no pot ser, sóc jo qui ha de guanyar!!!

-No s'hi val -protesto molt enfadada-, així no s'hi val! Ha estat a traïció. Jo estava mirant...

L'Hug llueix un somriure triomfant a la cara. Imbècil.

-HUG! ETS UN TRAMPÓS! NO S'HI VAL! Si estàs despistat no s'hi val, és com matar algú per l'esquena. Necessites que et portin el reglament o què?

D'acord, potser em poso una mica a la defensiva, però és que no suporto els tramposos.

—**Ah, sí?** —contesta ell—. Doncs tu has fet trampes amb l'Enric —em diu mentre assenyala el que està a tres quarts de quinze.

—No comparis. El teu amic està a la lluna!! —crido jo.

—Ja, i tu no, oi?

Has sentit bé el que m'ha dit??? **L'ODIO** amb totes les meves forces. Me'l miro i intento fulminar-lo amb la mirada. Llàstima que en moments com aquests no pugui ser un mutant d'*X-Men*!!! I, a sobre, riu. Uf! Em treu de polleguera!

Una monitora em crida que abandoni el camp de joc. Arrossegant els peus i el tros del meu globus mort em reuneixo amb la Marina. Ja només queden quatre jugadors. L'Hug es carrega l'Adrià mentre en Jordi fulmina un dels óssos. Ara és en Jordi contra l'Hug.

Es nota que els dos juguen a futbol i que saben regatejar molt bé. Al començament deixen anar unes quantes puntades de peu de tempteig al contrari. La Rebeca, de sobte, comença a **cridar** i a saltar: Hug, Hug! Que ridícula, només li falten les minifaldilles roses i els pompons d'animadora.

Sembla que els ànims fan efecte i l'Hug agafa forces. Deixa anar una puntada de peu que gairebé esclafa el globus d'en Jordi. Això no pot continuar així. Jordi, Jordi! Començo a aplaudir (per animar-lo, perquè és del meu equip, i també per fastiguejar l'Hug). Al final ens acabem animant l'un o l'altre. El ritme s'ha accelerat. Estem **MOLT NERVIOSOS.** La cosa està molt igualada perquè en Jordi és una mica més alt i més fort, però l'Hug porta les seves vambes de la sort...

L'Hug esquiva un cop directe d'en Jordi, els dos globus són vermells i tot és molt confús: peu dret, peu esquerre, un globus, un altre globus, peu dret, peu esquerre. Agafen velocitat i hi ha un moment en què no se sap de qui és cada globus. Jordi, Jordi! M'estic quedant sense veu perquè intento cridar més fort que la burra de la Rebeca. **QUINS PULMONS QUE TÉ LA PUNYETERA!!**

De sobte, tots  dos s'aturen. Què ha passat??? Pel que sembla, de tant que cridàvem no hem sentit el plaf. L'Hug i en Jordi estan molt junts, gairebé abraçats. Els altres mirem el globus sencer fent uns ulls com unes taronges: de qui és? Se separen a poc a poc i... He guanyat, he guanyat, **he guanyat!!!**

El que té de bo quan ets capità és que els membres del teu equip són com els teus esclaus, els pots manar com vols. Així que, tot i que qui ha guanyat tècnicament és en Jordi, com que jo sóc la capitana de l'equip, el triomf és meu. Estic molt contenta. Miro l'Hug i ric: ha, ha, ha, ha! Qui és ara el que està a la lluna?

CONSELL 29:

RECORDA SEMPRE QUE RIU BÉ
QUI RIU DARRER.

M'acaba de passar pel cap una idea bonissima! (normal, totes les meves idees ho són). Trec la llista de la butxaca i hi *escric:*

LLISTA D'INTENCIONS PER ALS CAMPAMENTS

- Ser popular. ✓
- ~~Trobar nòvio.~~ Trobar un nòvio guai.
- ASSASSINAR LA REBECA.
- Ser popular per coses bones.
- Guanyar el joc.

La Nicole ens diu que ha arribat l'hora de fer el ***recompte de punts.*** Han penjat una pissarra molt gran al costat de la porta del menjador, dividida amb tres ratlles verticals i a sobre de cadascuna el dibuix de cada grup.

12 PUNTS 18 PUNTS 16 PUNTS

És un moment genial perquè guanyem les mofetes, evident. L'únic que ho esguerra una mica és que quan fan el recompte dels globus que ha fet esclatar la Rebeca hi ha cinc idiotes (nois) que aixequen la mà orgullosos, cinc!!! Però què hi tenen, al cap?

GELATINA DE MADUIXA

en comptes de neurones o què?

Tant és. La Rebeca ja no té cap importància. El meu enemic número 1 ara és l'Huuug.

-Jo el trobo molt guapo i ha tingut el valor d'enfrontar-se a en Jordi -diu la Marina.

-Com pots dir això després de tot el que m'ha fet? -li pregunto indignada.

-Què t'ha fet?

Passo de dir-li res.

ÉS MÉS BURRA DEL QUE EM PENSAVA.

CAPÍTOL 10

LES TENDES DE CAMPANYA

Les tendes són de l'any de la Mariacastanya. Estan plantades juntes, en fila i de cara a l'edifici del menjador. La mida? Doncs mida de **«barrufets».** Potser et penses que exagero. Doncs, sí. He exagerat. Un cop dins, la cosa canvia: aquí no hi cap ni el **BEBÈ BARRUFET!!!**

La Marina i jo escollim la cantonada de la dreta, la Rebeca i la Vicky, la de l'esquerra, i al mig s'hi posa una noia que no coneix ningú. Es diu Anna Ramon i sembla maca.

Darrere les tendes hi ha un camp amb vaques. Són de la **GRANJA** del costat. És la primera vegada que veig vaques de debò, tal com són, i no a la tele.

-Oh! Quines vaques més bufones!! -diem totes alhora.

(Sincerament, a mi em semblen bufones perquè sé que les mitjanes de vedella vénen de les vaques. Ho sento, però és que tinc tanta gana que tot ho veig convertit en menjar. **Fins i tot em menjaria la Marina...).**

Ens diuen que com que és el primer dia i estem cansats, després de sopar* ens deixaran anar a les tendes perquè ens puguem organitzar. El sopar dura molt poc. Seiem a taula, tremolosos (menys la Júlia, que és l'única amb la ració garantida), esperant que tornin a treure les sobralles del **migdia** (conegudes a hores d'ara com «la diarrea de Sauron»). Ens equivoquem.

Aquesta vegada les safates estan farcides d'un puré marronós.

CONSELL 30:

ATENCIÓ ALS PURÉS DEL MENJADOR, A DINS S'HI POT AMAGAR DE TOT.

ELS PURÉS són aquests menjars* que fan quan volen fer-te empassar les sobralles sense que te n'adonis. Tu has vist mai la teva mare

fer un puré? Jo tampoc, però conec en el procés: obren la nevera, agafen plats amb restes dels últims dies, els posen en un bol, hi afegeixen alguna verdura per donar-li color, i pitgen el botó de la batedora.

Ara imagina't com fan el puré al menjador de l'escola o als campaments: tenen batedores tan potents que desintegrarien la porta d'un cotxe sense **espatllar-lo** ni una mica. Hi poden entaforar el que els doni la gana.

L'única pista la trobaràs en el color:
-TARONJA: pastanaga o carbassa.
-VERD: carbassó o espinacs.
-BEIX: porro o ceba.
-VERMELL: tomàquet o bé el braç del cuiner que ha enganxat la batedora.

El que acaben de treure és marró. Quina verdura és marró? En coneixes alguna? Han agafat l'enciam del migdia i hi han afegit terra per espessir-ho i que sembli menjar de debò?

Recordo aleshores els paquets de galetes que guardo a la motxilla i passo de tastar-lo. Molts pensen com jo. De segon... de segon hi ha salsitxes!!!

Per fi alguna cosa comestible!!

Quin banquet!

Em frego les mans, agafo la forquilla, m'hi llenço i... massa tard!! La forquilla xoca contra l'alumini del fons de la safata perquè està buida. Els més ràpids o els més alts (amb els braços més llargs) ho han agafat tot. Són els desavantatges de **«burro l'últim».** El Nou s'ennuega amb el manat de salsitxes que s'ha ficat de cop a la boca, gairebé ni li caben.

Amb la fruita tinc més «sort», evident: puc menjar tots els préssecs que em vinguin de gust, que són exactament..., espera, que els compto, exactament... zero, zero. Creus que sóc tan babaua de **menjar fruita en comptes de galetes?** La Marina i jo marxem de dret a la tenda. Quan hi arribem, la Rebeca i la Vicky han penjat un pòster de Justin Bieber que tapa la finestra de reixeta del sostre, per favor!! Em començo a queixar, però aleshores treu el cap l'Eva, la monitora *hippy*.

—Ho sento, Rebeca, no hi ha cap aïllant ni cap sac de reserva...

Li dóna la manta més **RÒNEGA** que he vist mai en la meva vida. Ella l'agafa amb la punta dels dits.

-Farà fred. Les altres, deixeu-li les tovalloles perquè es tapi. Necessites res més?

-El pijama, el necesser, les vambes... tota la meva motxilla, vaja.

-Algú li pot deixar una samarreta perquè la faci servir de pijama?

-Jo, jo, jo -m'ofereixo.

CONSELL 31:

SEMPRE QUE PUGUIS AJUDA ELS ALTRES.

Buido ràpidament la motxilla sobre l'aïllant. Al fons hi tinc **la samarreta que més odio**, una de les de la farmàcia dels meus avis... La hi dono sense desplegar perquè no ho noti tant. Ella també l'agafa amb la punta dels dits.

-Au va, posa-te-la -li diu l'Eva-. A què esperes?

La Rebeca es tomba i fa mil malabarismes perquè no la veiem. Finalment es gira. Sí!!!, m'hauria agradat cridar, però em mossego la llengua. La samarreta és blanca, comença amb la frase «Si vols i no pots», i segueix amb una gran tassa de vàter dibuixada a sota. Ja saps què anuncien, oi? **Supositoris!!!**

Fins i tot la Vicky esclata a riure quan la veu. En un moment com aquest, em penedeixo profundament d'haver entregat el mòbil als monitors. Segur que la Rebeca no hauria penjat la foto que jo li hauria fet al seu perfil de Tuenti (sí, ella sí que en té).

La nit és mogudeta. Això és molt pitjor que un camp de concentració, fan servir mètodes de tortura més refinats: allà hi ha guardians amb gossos ferotges, i aquí hi ha monitors armats amb retoladors fluorescents permanents.

A més, ni tan sols respecten la intimitat. Estem les cinc la mar de tranquil·les dins la tenda, al nostre aire, sense ficar-nos amb ningú, **menjant galetes** i xerrant, i aleshores sentim un soroll a fora. Aaahhh!!!

—Què passa, que no teniu son? —ens pregunta en Lluís que treu el cap per **LA PORTA.**

Ho diu molt amablement, tot i que el meu detector d'ironia comença a fer pampallugues.

El **detector d'ironia** el té qualsevol persona normal. Ve de sèrie quan naixem (com la direcció assistida dels cotxes) i serveix per avisar-te que t'estan dient les coses al revés. Per exemple, quan la teva mare et diu: Tranquil·la, no et moguis del sofà, jo ja et faré el llit i així pots seguir jugant a la consola tres o quatre hores més, en realitat vol dir que t'aixequis i ara mateix.

—No, no gaire —contesta la Rebeca.

—No us preocupeu, nosaltres fem servir un remei infal·lible. **UN SOMNÍFER* QUE VA DE MERAVELLA.**

Aquí és quan el meu detector es dispara com un boig, però com que la Rebeca no és una persona normal, no l'hi devien instal·lar quan va néixer.

-Gràcies, no cal. Quan acabem de xerrar, ja dormirem.

-Aixequeu-vos ara mateix i a **fora!** -crida en Lluís tan fort que les parets de tela tremolen-. Vinga, va, que ja feu tard!

Ens porta fins un prat que hi ha passat les vaques i el que més em sorprèn és que hi ha tot de gent corrent. Però què fan?! **Que s'entrenen per anar a les Olimpíades??** Noooooo.

Una de les prohibicions del discurs dels «no» de la Nicole (que jo no havia escoltat) és parlar de nit a les tendes; una altra, sortir de les tendes. Si t'enxampen, t'envien a ***CÓRRER*** al camp tal com vagis... ja sigui vestit o despullat. Ostres, quina fila que fem tots!!! Per si les mosques, fes cas del meu:

CONSELL 32:

FICA'T DINS EL SAC AMB LA MILLOR ROBA QUE TINGUIS.

Cada vegada que arriba una nova **remesa** de reclutes, la gent frena el ritme per fixar-se en les pintes que fan i esclafir a riure. Uns nois de l'equip dels óssos són els encarregats de puntuar: 0 és la millor nota i 10 la pitjor. Al pijama de Winnie de Pooh de la Marina li donen un 5 (passable), a mi... a mi em donen un 8 i n'hi ha que xiulen amb entusiasme.

Per què? No ho entenc. Aleshores la Marina m'assenyala la cara. Me la toco i... Oh, no! M'he oblidat de netejar-me la **PASTA DE DENTS!!** Que si tinc pasta de dents a la cara? Sí, és molt normal. Fa una estona he notat un granet que em bategava al front i he decidit utilitzar el remei més eficaç de tots els que conec: posar-hi un bon dit de pasta de dents a sobre i, posats a fer, n'he posat també una mica a tots els altres.

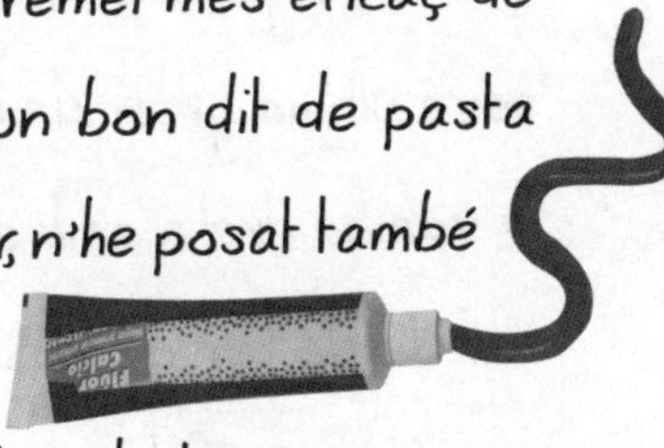

El problema és que per culpa de la meva mare no tinc mirall, així que me l'he posat a cegues, i potser, per assegurar-me, potser... potser m'he passat una mica.

Tot i que la reina indiscutible de l'horror, a qui més assenyalen i de qui més es riuen, és la Rebeca, que amb les presses s'ha oblidat que duu posada la samarreta dels supositoris. Li donen un 9,5. Quasi la perfecció... **DE L'HORROR.**

Li agafa de tot.

Tot el campament acaba al prat excepte el Nou, en James, que dorm tan tranquil agafat a la pilota (no m'estranya, deu estar rebentat amb tant de bum-bum-bum). Fins i tot han castigat els que ploraven perquè trobaven a faltar casa seva i els pares.

En Pollastre comença a córrer al meu costat. Diu que ha tingut una idea genial. Jo ja tremolo de por. La seva última gran idea va ser lligar-se els cordons de la vamba dreta amb els de l'esquerra per caure i lliurar-se de fer gimnàstica (ai, perdó, educació física).

–Les mofetes podríem ser la Comunitat de l'Anell... com **El Senyor dels Anells!** Tranquil·la, ho tinc tot calculat –diu quan veu la meva cara de pànic.

(És el meu amic i m'estimo més mossegar-me la llengua per no dir-li que el que + por em fa és que ell ho tingui tot **CALCULAT...)**.

–Tu seràs en Frodo, perquè portes la gorra i ets la capitana...

Em mira i busca una resposta d'agraïment. Agraïda? De què? De ser un nap-buf amb els peus grans i peluts?

–La Marina serà en Sam, la teva ajudant –continua dient–, jo seré l'Aragorn, el valent –passo de fer comentaris–, el Nou serà el nan Gimli, perquè hi doni un toc d'humor, la Júlia serà l'elf Legolas, en Pau serà el hòbbit immadur Merry, i en Jordi serà en Gandalf, així el fem content, que ens convé. Què hi dius? Què et sembla?

Sense fer cap comentari, m'allunyo d'ell i al cap d'una estona em començo a trobar millor (sobretot perquè, amb la suor, la pasta de dents s'estova i me la vaig netejant amb la **màniga** de la samarreta), i encara seria millor si no fos perquè just en aquest moment m'avança a bon ritme, sense cansar-se ni despentinar-se, l'Hug, tot cofoi amb les seves vambes taronges supersòniques.

Quin fàstic, la gent perfecta!!

(Quin fàstic menys quan la perfecta ets tu, és clar.)

CAPÍTOL 11

I per fi surt el sol

Dormir en una tenda de campanya pot semblar divertit, com si fos tota una aventura. Dormir sota les estrelles i tota la pesca... Doncs t'equivoques:

- Passes fred. Bé, fred és poc, perquè baixen tant les temperatures que fins i tot els pingüins porten abric i bufanda.

- Fa un tuf insuportable per les botes i les vambes (potser la gorra de MOFETA hi contribueix, però per si de cas no ho dic a ningú); així, doncs...

CONSELL 33:

DORM TOTA LA NIT AMB LA MÀ TAPANT-TE EL NAS, PER NO INTOXICAR-TE AMB LA PUDOR DE PEUS.

Estan molt mal fetes i a ningú no se li ha passat pel cap incorporar una cosa tan senzilla com són unes **PERSIANES**!! Que es pensen que estem a l'època de les cavernes o què? A trenc d'alba hi entra molta llum i per no morir enllu-ernada t'has de tapar de seguida amb la primera cosa que trobes.

L'única **estrella** que vaig veure va ser... Justin Bieber, l'únic que ha sobreviscut intacte. No s'ha despentinat ni una mica tot i que dorm a la tenda, quin tio!

Això de les vaques no és tan bonic com sembla. Resulta que els agrada parlar a les nits: clonc, clonc, muuu, clonc, muuu..., són molt pesades.

A les set **de la matinada** l'Eva treu el cap per la porta de la tenda!! Com pot ser que ja estigui desperta? Començo a sospitar que els monitors són **robots cibernètics** programats per fer el mal. Així també s'explicaria que no tinguin sentiments.

–Au va, som-hi, noies, amunt; comença un nou dia.

Obrim un ull a poc a poc per veure què passa. Aquesta dona no hi toca: comença a clavar cops de cullerot contra una olla. **QUÈÈÈ??** De l'ensurt saltem fora dels sacs (menys la Rebeca, que està tapada amb les tovalloles fins al cap). Miro el rellotge. He dormit tres hores i tinc mal de panxa.

CONSELL 34:

NO PERDIS EL TEMPS DORMINT.
JA DORMIRÀS QUAN MORIS!!

De tots els motius que s'han inventat per no dormir, el millor és passar-te hores i hores parlant amb la teva millor amiga.

–En quinze minuts servirem l'esmorzar; qui no hi sigui, no menjarà –diu l'Eva en to afectuós.

Quinze minuts...?? Però què li passa a aquesta gent? Que potser ens entrenem per a les Olimpíades? Aleshores, quan l'Eva s'allunya i ja ens comencem a calmar, passa una cosa terrible. La Rebeca treu el cap de sota les tovalloles.

«Aaahhh!!!», cridem tots.

La Rebeca quan es desperta fa una por que esgarrifa!!

Aleshores és quan entenc la importància del maquillatge. Que fort! Resulta que la tia té granets, però no quatre, no: si li donessin un cèntim per cada gra, no hauria de treballar en tota la seva vida.

La Rebeca i la Vicky comencen a remenar dins la motxilla de la Vicky. En treuen un necesser enorme i un mirall gairebé de cos sencer. Com l'han ficat a **la motxilla?**

La Marina, l'Anna i jo les mirem al·lucinades. En l'estona que jo trigo a posar-me uns mitjons, elles aconsegueixen estar una altra vegada guapes i sense granets. És increïble, però fins i tot algú tan aparentment inútil com la Rebeca serveix per a alguna cosa.

Em moro de ganes de preguntar-li on s'aprenen aquestes coses per apuntar-m'hi, tot i que resisteixo la temptació: no li donaré aquesta satisfacció. Tornen a regirar la motxilla i en treuen... **una planxa de cabells!!!** Serà possible? Aquesta noia no està fina... a qui se li acut portar una planxa de cabells als campaments? Surten com unes esperitades cap al lavabo (amb una tovallola al cap i vestides amb la roba supercenyida) perquè necessiten un endoll.

Quina passada!! Ens quedem tan impressionades que triguem una mica a reaccionar.

–Ahir a la nit –diu la **Marina** en veu baixa– les vaig sentir parlar.

-Les vas espiar? No et fa vergonya? -li dic jo, **ENFADADA-.** Per què no em vas despertar? -Per descomptat... ja no em puc refiar ni de la meva millor amiga...

-I què creus que vaig intentar fer durant deu minuts? Si vaig saltar damunt la teva panxa i ni te'n vas adonar!

> Al final sí que era veritat que això de córrer és un somnífer brutal: corres una hora i després caus rodona. Els ulls se't tanquen sols.

-D'acord, d'acord -dic jo. Ara entenc per què em feia mal la panxa-. Què van dir?

‘Que la Rebeca es lligarà l'Hug.

Perfecte, un idiota per a una idiota! Segur que tots dos tindran **miniidiotes.**

El matí comença bé, amb una sorpresa agradable: ens donen esmorzar.

L'esmorzar és l'únic àpat del dia digne. Hi ha suc de fruita, llet, un munt de galetes i melmelada. No he estat l'única de pensar que aquesta font quasi il·limitada de menjar era una mina, i en sortir del menjador tots dúiem les butxaques a petar. Si haguessin posat un detector de galetes a la sortida, s'haurien fet d'or. **Pi, pi, pi, pi, pi.**

CONSELL 35:

ACONSEGUEIX PROVISIONS COM SIGUI.

En acabat comencen les classes d'anglès i resulta que també es fan al menjador. Que bé! Just a les mateixes taules on ens morim de gana ara també ens morirem d'avorriment. Ara entenc per què ens donen l'esmorzar: si no fos així, molts es menjarien les **pàgines del quadern.**

Tot d'una arriba la Nicole amb un dels seus conjunts retro: pantalons de quadres grocs, camisa de flors blaves i morades, i un mocador de ratlles taronges... De seguida tanco els ulls per no quedar-me cega. Sisplau, que surti algú i li ensenyi a aquesta dona a combinar-se la roba d'una vegada per **sempre!!**

-Good morning, welcome to your first English lesson -diu tan contenta.

-Bon dia, benvinguts al primer dia d'anglès -em tradueix la meva minijo. La tinc asseguda al meu costat. Per fer classe no ens separen per edats.

La Nicole fa una pausa. Potser espera que aplaudim. I, finalment, **ens deixa anar el discurset:**

All the activities del programa giren entorn de l'aprenentatge i la millora de l'anglès mentre treballem diferents competències. Disposarem de *two hours* diàries per aprofundir en els aspectes formals de l'idioma, que quedaran reflectits en un *notebook* amb exercicis i un diari del que hem fet.

Cosa que traduïda al nostre idioma, vol dir:

TU t'hauràs d'empassar dues hores diàries d'anglès i TU hauràs de fer un quadern sencer perquè els teus pares estiguin contents, et tornin a apuntar als campaments l'any que ve, i JO em quedi amb la teva pasta.

—To *begin*, per començar —continua la Nicole— farem un **short test** molt entretingut* per

saber el vostre nivell d'anglès. Després farem un joc molt divertit* perquè us aprengueu els noms dels vostres companys.

El **short test** molt entretingut* és de cinc pàgines!! Què és això? Una estratègia perquè estiguem els quinze dies sense aixecar el cul de la cadira?

—*Short* no vol dir «curt»? —pregunto a la meva minijo així que la veig.

Em passo més d'una hora intentant desxifrar el que hi diu. No creguis que sóc curta i que no pesco res. Des D'INFANTIL que faig anglès i en tots aquests anys —encara que no ho vulguis o que siguis la Rebeca— sempre acabes aprenent alguna cosa...

Ells en diuen «automatitzar la resposta», és a dir, que et surt la resposta sense voler, sense pensar-hi ni forçar-ho. Com quan la teva mare et pregunta enfadada: «Qui ha fet això?», i encara que no sàpigues de què parla, el primer que et surt és dir-li: «Jo, no».

... per exemple, de seguida sé on haig d'escriure el nom i l'edat. Resposta automatitzada.

Una altra de les actituds que he «automatitzat» és fer una ullada al del costat. I no, això no és copiar, d'això se'n diu compartir coneixements.

 Jo comparteixo coneixements amb la meva minijo, però acaba de seguida. En Pollastre també acaba de seguida, tot i que és perquè passa i contesta el primer que li ve al cap. És una **MALA IDEA**. Tu segueix el meu consell:

CONSELL 36:

ESFORÇA'T EN ELS TESTS DE NIVELL

Esforça-t'hi: val la pena perquè només és una estona, i si fas com en Pollastre, pots acabar en el grup dels fluixos, envoltat de gent del tipus Pau Plasta, i durant moooltes hores de moooolts dies.

Sóc de les últimes a sortir. Tan bon punt poso el peu a fora, em passen un full arrencat del *notebook* ple de signatures perquè hi deixi la meva. És una petició perquè ens **tornin els mòbils;** l'ha redactat la Júlia, que és una del grupet de nens i nenes que ploren perquè troben a faltar les seves famílies (si tinguessin la Raquel de germana... no plorarien tant!).

Es veu que el seu pare és advocat i li ha explicat que, si es recull una petició popular signada per tothom, el **Govern** (que aquí és la **Nicole**) no té cap més opció que valorar-la. Així és com es canvien les lleis injustes d'un país.

Evidentment, tots signem. Però de debò que estem tan conscienciats? No, passa que ens morim d'avorriment i no tenim res millor a fer.

L'acompanyem a portar la petició al Govern, la qüestió és **perdre el temps.** Surt bé, excepte per un problema: la reacció de la Nicole no és l'adequada; sembla que no entén res de lleis i, en comptes d'enviar els monitors a buscar de seguida els mòbils, li agafa **UN ATAC DE RIURE.**

Què fem ara? Ni idea. Sort que la Júlia ho té molt clar.

—Sisplau —em diu—, guarda'm el full de petició. És el moment de començar la «resistència activa».

Agafo el full i ella es llança tan tranquil·la a terra. Aleshores comença a marranejar, a ***picar de peus*** i a cridar dient que no es pensa moure fins que no ens tornin els mòbils.

Total, que l'estratègia de persuasió de sempre (o «resistència activa», per dir-ho més fi) funciona millor que les signatures.

Al final, el Govern cedeix quan la Júlia amenaça que els altres també ens llançarem a terra. En aquest cas la Nicole demostra que és molt innocent, perquè jo no em penso tirar a terra, així que ja et pots imaginar la Rebeca i les altres. De totes maneres, només ens deixa un màxim de cinc minuts per parlar amb els nostres pares. L'hi explicaré tot a la meva mare i de seguida **em vindrà a rescatar!!** Encara no la coneixen!!

La Júlia s'aixeca, s'espolsa la roba i li torno a donar el full. Quina tia!!!

Ens posem en fila una mica nerviosos i esperem el nostre torn. Em toca!!

–Sara, quina il·lusió –em diu la mare–. Tenia moltes ganes de parlar amb tu, com va tot?

Aquí no tens gens d'intimitat. Tinc en Lluís al davant i pot escoltar tot el que dic. Aniré amb peus de plom, perquè, si no, després rebré; és clar que haig de convèncer la mare perquè... em tregui d'aquí!!!

–Molt malament. Això és pitjor que **L'INFERN** –li dic fluixet.

–Què dius? No et sento...

Normal. No em sent perquè ja ha començat la plorera en cadena.

Ara et faré un esquema perquè entenguis bé com funciona això de la **plorera en cadena:**

ESCOLTAR LA VEU DEL PARE O DE LA MARE → COMENÇAR A PLORAR ↓ CONTAGIAR AL DEL COSTAT → I AL DEL COSTAT...

Així que comença el primer, la cosa és imparable, es contagia més ràpid que els **polls.** En dos minuts, tens vint nens plorant. Per sort, jo tinc una personalitat prou forta per resistir-m'hi.

—Sara, bonica, hi ha molt poca **COBERTURA,** no et sento. Crida més —insisteix la meva mare.

—Que aquí no m'ho passo gens bé!!! —crido jo—. Que em vinguis a buscar ara mateix!

—Que contenta que estic **que t'ho passis tan bé** —contesta la meva mare.

Quèèè??? Miro el telèfon i no hi veig res estrany. Li dono un parell de copets... Que estrany... Alguna cosa no rutlla...

—I com va amb la Marina? Què feu? Què mengeu? Vinga, va, explica'm cosetes.

—El menjar és fastigós —no em prenc la molèstia de parlar fluixet—, passo molta gana, mare. Ens en posen poc i fem cops de colzes per agafar-ne. M'he aprimat moltíssim, gairebé **em cau la roba.**

CONSELL 37:

SI NO VOLS FER UNA COSA I NO HI HA MÉS REMEI, FES SERVIR L'ESTRATÈGIA DE DIR QUE T'ESTÀS APRIMANT.

Si vols convèncer la mare, digue-li que passes gana i que t'has aprimat. No ho suporten. I les àvies, encara menys.

—Que bé, no?! —em contesta tan tranquil·la.

No sé com s'ho ha fet la Nicole, però segur que mentre custodiava els mòbils hi ha instal·lat algun aparell que distorsiona la veu. Tot i que aquest el que fa és que **els teus pares entenguin tot el contrari** del que els dius. O potser m'ho ha fet la Raquel per assegurar-se que jo no marxi del campament...

Oh, no! La meva mare era l'única esperança que em quedava per poder sortir d'aquí. Estic atrapada.

De sobte, jo també...

COMENÇO A PLORAR.

CAPÍTOL 12

APRENDRE JUGANT*

La Nicole torna armada amb pals de fregar. Normal: la situació fa pena. En Pau Plasta ha format un bassal de llàgrimes tan gran que s'hi podria banyar. Hi ha cinc monitors que contesten els mòbils per explicar als pares que es tracta d'una plorera en cadena i tranquil·litzar-los. La Rebeca i la Vicky tenen la roba tacada de negre del rímel i la Júlia ha consumit un inhalador sencer...

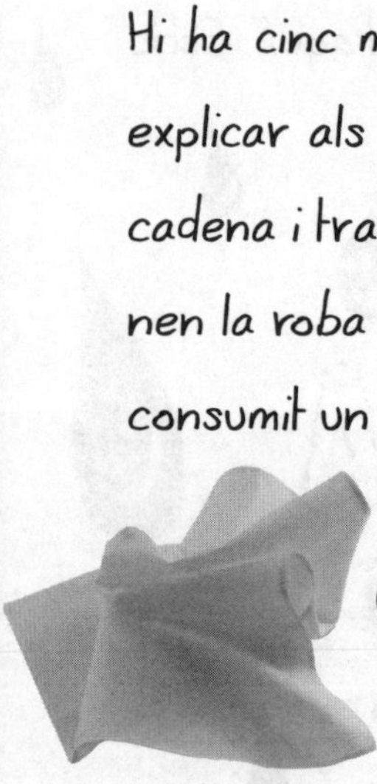

Al cap de mitja hora i **d'un quilo de mocadors** de paper, recuperem la calma.

—*Now* —diu la Nicole—, per animar-nos repartirem els resultats de les proves de nivell.

Oh, no! Tan ràpid?? No sé si posar-me a plorar i tornar a contagiar tothom per evitar veure **les notes.** Abans de tenir temps, la Nicole diu el nom de la persona que ha tret la màxima puntuació. És la Marina? És la meva minijo?

—*Is...* —diu la Nicole, i s'hi recrea tant que sembla que hagi de revelar el guanyador de l'Oscar al millor actor—. *The winner is Alexandre Ortego.* Les mofetes guanyen **cinc punts.**

Les mofetes? És a dir, jo? Però qui diantre és Alexandre Ortego? I trigo una estona a caure-hi (exactament el temps que triga a posar-se de peu i aixecar la pilota com si fos un trofeu): és el Nou.

Estic tan rabiosa que així que puc li pregunto com és que en sap tant, d'anglès: que són anglesos, els seus pares? O li han **IMPLANTAT** un xip al cervell?

—Home, està claríssim, perquè el necessito per quan vagi a jugar a l'NBA —em respon ell.

UI, SÍ! ESTÀ MÉS CLAR QUE L'AIGUA!

Després de donar-nos els resultats (suposo que deus haver notat que m'he estimat més saltar-me el meu: això de compartir coneixements no ha tingut els bons resultats que m'esperava), la Nicole comença a deixar-nos anar un altre rotllo (potser a casa seva no la deixen parlar i per això aquí s'esplaia):

—A Happy English sempre hem apostat per **APRENDRE JUGANT*****, i busquem dinàmiques que fomentin les habilitats i les destreses intel·lectuals, emocionals i socials. Per això combinem el vessant més lúdic amb l'ensenyament.

Comencem a tremolar malgrat la calor. Normal. Quantes vegades has sentit això d'«aprendre jugant»?, i això de **«COMBINAR EL VESSANT MÉS LÚDIC AMB L'ENSENYAMENT»**? La traducció, la sap tothom:

Calla i prou.

Com que amb un joc no era suficient, ara n'han planejat un joc fantàstic:

El joc de les targetes.

Serveix perquè ens aprenguem els noms dels altres. És un joc estúpid que es va inventar algun il·luminat, però jo m'hauria pogut passar aquesta estona veient la tele.

Consisteix a aprendre's el nom de tot fill de veí pel procediment d'urgència: vint-i-sis noms en cinc minuts. Per què?? Per què m'haig d'omplir el cervell amb informació que no utilitzaré mai? Si t'aprens el nom de la gent guapa i de la gent que mola ja en tens prou.

Cadascú escriu el seu nom en una targeta. Per descomptat, tots l'adornen, no són tan sonsos. Els menys pencaires, pinten una 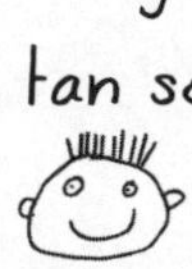 un 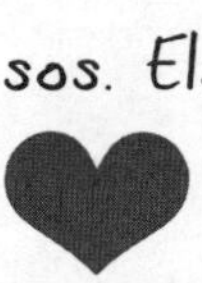 o una 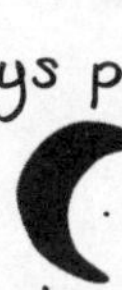. El Nou dibuixa una pilota. El tio és tan fan de la piloteta que la Nicole li ha hagut de prohibir que li guardi lloc a la taula del menjador.

Jo, que sóc una artista, dibuixo un chibi que em representa. Així faig propaganda de mi mateixa...

Un cop hem acabat, hem de passejar pel menjador, fer-nos preguntes els uns als altres, llegir les targetes i intentar memoritzar els noms... La gent ja s'ha après alguns noms, com el de la Rebeca. Absolutament tots els nois i les noies que volen ser les seves amigues, li diuen Rebeeecaaaa. Els altres (que som la Marina, l'Anna i jo) li diem **«vols i no pots»,** per la samarreta...

Perquè tant quan ets de campaments, com a l'escola:

TU
\+ NOM
el teu sobrenom

D'acord, sí. Si et posen un sobrenom vol dir que ets popular, tot i que els sobrenoms mai no acostumen a ser bons: a en Lluís li diem **Robocop** (tenen la mateixa flexibilitat), a l'Eva, la Coloraines (per la roba), i a mi..., a mi em diuen **Doctor Doofenshmirtz.** Va ser idea de l'imbècil de l'Hug, la quarta o cinquena vegada que li vaig cridar:

—**MALEÏT SIGUES, HUG, MALEÏT SIGUES!**

(La culpa és de la Raquel, perquè sempre hem de veure a la tele el que a ella li agrada i ara tinc una sobredosi de *Phineas i Ferb* al meu pobre cervell).

Ell em va contestar:

—Tranquil·la, Doctor Doofenshmirtz.

I a mi no em va quedar cap més opció que contraatacar, perquè si algú et posa un sobrenom que no t'agrada, ràpidament has d'aplicar el consell següent:

CONSELL 38:

SI ALGÚ ET POSA UN SOBRENOM, INVENTA'N UN ENCARA MÉS HUMILIANT PER A ELL.

Que et deixin de cridar pel sobrenom no ajuda, però també t'agrada utilitzar el seu. Així que si ell em diu Doctor Doofenshmirtz, jo contraataco i li dic... a veure si ho endevines? Va, que és molt fàcil... Exacte, ell és en **Perry l'Ornitorinc!** Què et sembla?

–Perquè no sigui tan difícil aprendre els noms –aconsella la Nicole–, una bona estratègia és que us fixeu en algun tret distintiu dels vostres companys.

Un tret distintiu? Que hi ha algú que **tingui tres ulls** o que li falti una cama?

–I no seria més senzill –diu en Pollastre– que tots portéssim la targeta amb el nostre nom penjada a la samarreta.

Jo me'l miro sorpresa: el que ha dit té molt de sentit, tot i que, és clar, aleshores no ens podrien fastiguejar i fer-nos aprendre jugant.*** Quan es cansen de veure'ns passejar, ens col·loquen formant un gran cercle amb les targetes cap per avall i comença el joc. Un monitor assenyala en Pau, i en Pau ha d'endevinar el nom d'un membre dels óssos:

-JORDI?

El noi gira la seva targeta i hi diu clarament «Quico». En Lluís destapa un retolador groc fluorescent dels grossos, va fins al Pau i li marca un punt gros al front. Al final sumaran els punts i guanyaran els que en tinguin menys. Ara el tal Quico escull qui és el que endevina i quin nom. Assenyala la Marina i el seu company.

-Rodri -diu molt segura.

Ahà! No saben amb qui se les tenen! La Marina assenyala l'Hug, que ha d'endevinar el meu nom. L'Hug em mira detingudament.

-Com era? Doctor Doofe...? -M'agafen ganes d'estrangular-lo-. **Ah, sí! Sara.**

No el suporto! A sobre, el molt burro, va i em tria a mi perquè endevini el nom de la noia que tinc al costat. Doncs, mira, me'l sé! Es diu Anna!

La tal Anna gira la targeta i m'enduc una bona sorpresa perquè hi diu:

Què?? **Anna? Alba?** S'assemblen tant... potser m'he despistat. No veig que em ve el retolador fins que -plas!- me l'estampen al front. Sento les rialletes de la Rebeca.

L'Hug té la mala llet de triar-me cada vegada que li toca a ell; de vegades encerto i d'altres no. Al cap d'una bona estona, els únics que estan intactes són la **MARINA** i **L'HUG** (perquè no fallen) i en **JORDI** (perquè ningú no s'ha atrevit a assenyalar-lo). En Pau Martínez, en canvi, sembla un xinès, perquè duu tota la cara pintada de groc, és l'únic que continua fallant cada dos per tres.

Comptabilitzen els punts i els marcadors finals són:

—Now, ara —diu la Nicole—, doblegueu la targeta que duu el **vostre nom** i la poseu en aquesta bossa. Farem un sorteig i a veure qui és el vostre amic secret.

Quan l'Hug em passa pel costat em diu:

—Aquest xarampió et queda de perles, **DOCTOR DOOFENSHMIRTZ.**

A sobre, m'haig d'aguantar les ganes de clavar-li una nata.

Me n'estic, perquè la primera vegada que s'ha ficat amb mi li he clavat una puntada de peu i la Nicole m'ha enxampat. Ens ha restat cinc punts a les mofetes i m'ha advertit que la pròxima vegada en serien deu.

La Nicole sacseja bé la bossa i cadascú agafa **UNA TARGETA.**

—No l'ensenyeu a ningú. *It's very, very important. It's the name of your secret friend.* Heu de ser amables amb l'amic secret que us toqui, li heu de fer algun regalet, enviar-li notes... Però mai no us ha de descobrir. L'últim dia, veurem quants l'encerteu. Serà l'última prova del joc.

Quins nervis!! Qui em tocarà? Qui...?

Obro el paper a poc a poc, el justet perquè ningú no em pugui veure... Què és això? És una broma, o què? Aquí hi diu...

HUG

—Es pot tornar l'amic? —pregunto ràpidament.

—Tornar???

Potser a Anglaterra no ho fan, així que li explico que tornar és quan la teva mare et compra roba que no és de la teva talla (si tornés la que no m'agradada, no acabaríem mai) i se'n torna a la botiga per deixar-la i agafar-ne una altra.

–Sara –diu, enfadada–, ja sé què vol dir tornar.

T'ho pots creure? Aleshores... per què ha deixat que li clavés aquest rotllo?

–Aleshores, **ES POT TORNAR L'AMIC?**

La Nicole passa de respondre'm. Quin fàstic de dia!

Aleshores tinc una idea fantàstica. Trec la meva llista d'intencions:

LLISTA D'INTENCIONS PER ALS CAMPAMENTS

- Ser popular. ✓
- ~~Trobar un nòvio.~~ Trobar un nòvio guai.
- ~~ASSASSINAR LA REBECA.~~
- Ser popular per coses bones.
- Guanyar el joc.
- ASSASSINAR L'HUG.

Continuo desitjant matar la Rebeca, però com que **sóc una persona amable i comprensiva,** sé que tampoc no és qüestió de carregar-me mig campament i si haig d'escollir a qui assassino...

Ja saps que està absolutament prohibit portar menjar. Sí, home! Això només s'ho empassen els que van per **PRIMERA VEGADA** de campaments i jo sóc una d'aquestes!!

CONSELL 39:

EMPORTA'T ALS CAMPAMENTS TOT EL MENJAR D'AMAGAT QUE PUGUIS.

Amb una mica d'imaginació pots emportar-te'n una pila. Saps quantes galetes caben dins un parell de **mitjons?** Ja sé que s'omplen de molles, però...

Si no ho has fet, no passa res, perquè no existeix cap campament sense un mercat negre al darrere. Aquí, aquest comerç il·legal el controla en Víctor.

Els seus pares el van apuntar als campaments quan tenia **sis anys** i, per tant, té una llaaaarga experiència. És un noi maco, però no et perdona res de res. Amb la pasta que va fer l'any passat es va comprar una Wii.

La Marina i jo hem descobert que existia perquè hem enxampat la Rebeca i la Vicky empassant-se una muntanya de xocolatines.

—D'on les heu tret? —els preguntem mentre ens cau la baba i mullem els sacs de dormir.

La Rebeca, que ja ha anat unes quantes vegades de campaments, sabia que el menjar seria fastigós i que hi hauria mercat negre, però, com que és una filla de papà i li surten els diners per les orelles, en comptes de portar provisions de menjar, ha portat provisions de diners. Un dineral. Normal, així s'estalvia anar carregada.

—Si us ho diem, què ens doneu a canvi? —pregunta la Rebeca.

—A canvi? Però si portes les meves samarretes —protesto jo—. Ets una desagraïda, eh?!

—Vull el sac de la Marina!

—Ni parlar-me! **—CRIDA LA MARINA.**

Li dic que em deixi a mi la negociació. Potser sembla que presumeixi, però jo negociant sóc molt bona. Ho he après de la meva germana. O... potser no sóc tan bona... perquè la Rebeca acaba amb el sac de la Marina i... també amb **la cantimplora.** No em preguntis com ha anat. Només sé que ha estat molt ràpid.

A sobre la Marina m'acaba convencent que ella no pot ser l'única que se sacrifiqui i, com que sóc una bona amiga, li deixo el meu sac.

(La Marina és molt convincent quan t'agafa contra la paret i t'amenaça de posar-te a la boca uns mitjons pudents que s'ensumen a un quilòmetre de distància).

Així, doncs, que... al final, qui acaba dormint embolicada amb tovalloles sóc jo. A la nit tremolo tant de fred que fins i tot em plantejo sortir a córrer al camp amb els CASTIGATS. La Marina protesta: les dents em peten tan fort que no la deixo dormir. La Rebeca ronca la mar de tranquil·la i ben calentona. Ha estat la Llei de l'Equivalència per haver-me burlat tant d'ella quan ha perdut la motxilla?

PER CERT, EL QUE HA PASSAT AMB AQUESTA MOTXILLA ÉS INCREÏBLE:

HE SENTIT QUE L'HAN LOCALITZAT A GRENLÀNDIA.

CAPÍTOL 13

BAIXAR AL POBLE

Normalment els campaments estan allunyats de la civilització, perquè ningú no posi al descobert les **tortures** que hi pateixes.

EL NOSTRE FANTÀSTIC HAPPY ENGLISH està al bell mig de la muntanya, a dues hores ben bones del poble, per això ens quedem de pasta de moniato quan a la tarda la Nicole ens diu que podem fer una agradable passejada* i baixar al poble a comprar regals i records.

—És una activitat voluntària. Qui vulgui anar al poble haurà d'estar preparat aquí a les cinc. *Do you* **understand?** *Here*, aquí mateix.

A dos quarts de quatre ja som **TOTS** aquí, esperant. El sol crema tant que molts portem gorres o barrets perquè el cervell no es fongui.

Però com que jo *em vaig oblidar* d'agafar la gorra que m'havia preparat la mare...

Que se'm va oblidar vol dir que la vaig haver d'amagar sota el matalàs perquè la meva mare no la trobés i me la tornés a posar a la motxilla.

... l'únic que tinc és la meva mofeta-gorra. Avui, quan m'he llevat, m'he endut una gran sorpresa. El meu amic secret, no sé com s'ho ha fet, ha aconseguit rentar la mofeta i ara fa olor de suavitzant i fins i tot s'ha encongit. Repeteixo: no sé com s'ho ha fet, quina matada!

I com que la meva vida al campament és un eccssss!! continu, gràcies a la Llei de l'Equivalència, per compensar, m'ha tocat el millor **m. a. s.** dels campaments.

millor amic secret

Cada matí em deixa alguna coseta dins les botes de muntanya, fins i tot notes en què em dóna ànims i em diu que les pigues grogues m'escauen molt bé. Tot i que la gorra està una mica molla (encara deixa anar aigua i m'entra als ulls), me la poso perquè el meu m. a. s. vegi que m'ha fet molta **il·lusió.**

La Nicole no es presenta fins a les cinc i deu. Fa tanta calor que fins i tot surt **fum** de les pedres.

Tots som allà, esperant, suant. N'hi ha dos que s'han desmaiat de la calor i estan estirats a terra. Comencen a fer pudor de xai rostit, com les costellades que fa el meu pare, i fem un esforç brutal per no clavar-los queixalada.

—*Oh, children!!* —ens renya—, què feu aquí al sol? Per què no us heu posat allà sota?

Assenyala tot d'arbres que hi ha al costat, **com si nosaltres fóssim idiotes** i no els haguéssim vist en les dues hores que fa que esperem. L'Hug és dels pocs a qui encara li queda saliva per contestar.

—Ens vas dir que t'esperéssim aquí. Aquí —diu assenyalant el terra—. Vas dir que qui no fos aquí no baixaria al poble. **Aquí. No allà.**

Per una vegada estic d'acord amb ell. Què passa? Que a Anglaterra no els ensenyen la diferència entre aquí i allà?

—**Well...** —diu la Nicole—, *let's go, let's go* a l'ombra.

L'obeïm encantats. Transporten els desmaiats a la infermeria i reparteixen aigua. Bevem amb ànsia. Bé, hem après una valuosa lliçó, que és el meu consell 40:

CONSELL 40:

NO SEGUEIXIS SEMPRE AL PEU DE LA LLETRA LES INSTRUCCIONS DELS MONITORS.

Ja gairebé són les sis quan -per fi!!- ens posem en marxa per baixar al poble.

Arribem al poble després d'una bona pallissa. És ben poca cosa i les botigues encara menys, així que ens porten a una mena de parc amb quatre gronxadors rovellats i ens diuen que és la **«nostra base d'operacions».** En comptes de nens semblem soldats i som en una missió.

Al mig de la base d'operacions hi ha una font i ens esbatussem per aconseguir beure quatre gotes d'aigua. Ni tan sols mirem si és potable (el puré tampoc no és comestible i ens el mengem igualment). Aleshores, finalment, ens tornen els moneders. Obro el meu ansiosa i sí, és increïble, però hi ha la meva pasta. Intacta. Vint euros. Genial. La resta dels **diners** me'ls he gastat al mercat negre.

Ens divideixen en tres grups. Cadascun d'ells amb un monitor, perquè junts no cabríem dins les bo-

tigues. Al tercer grup anem en Pollastre, l'Hug, la Rebeca, la Vicky, en Jordi, la Marina, en Pau i jo. Si ets a l'últim grup vol dir que ets **DELS ÚLTIMS;** és el pitjor que et pot passar.

Els del primer grup se'n van amb l'Eva. El temps passa, passa, passa, passa... i no tornen.

Quan ja estem totalment desesperats, tornen. Vénen carregats amb un munt de bosses, riuen i beuen Coca-Cola!! i **mengen GELATS...** N'hi ha que s'han comprat tantes bosses de patates fregides que han aconseguit fer tota la col·lecció de *tatoos* que regalen. Em començo a preocupar, perquè si les botigues són tan petites i ells han comprat tantes coses... segur que quan hi arribem nosaltres, ja no hi quedarà res!!!

—Compreu el que us doni la gana, però us ho heu de **menjar** aquí. Al campament està prohibidíssim pujar-hi res!!! —diu en Lluís.

Els del segon torn marxen corrents. Els del primer comencen a entaforar-se llaminadures, patates i gelat a la boca mentre masteguen xiclets... quin embolic! N'hi ha un que llepa el xiclet i mastega el gelat. Aviat s'adonen que és impossible menjar-s'ho tot perquè els farà mal la panxa i... **comencen a compartir el botí amb nosaltres!!**

Us ben asseguro que és el millor moment d'ençà que vam arribar al campament. Quan faig un glop de Coca-Cola **(tant me fan les babes del que ha begut abans)**, gairebé em salten les llàgrimes dels ulls. Ens afartem de menjar i el temps ens passa volant; i quan tornen els del segon torn sembla que faci un moment que han marxat.

Aleshores, sortim en fila índia amb l'Eva al capdavant.

1a parada: la botiga de records.

Com esculls un regal per a les persones que estimes, per als que es preocupen per a tu, per als familiars que t'han donat una propina? La resposta és clara: amb molt d'afecte, molt d'afecte i... fent servir aquest consell:

CONSELL 41:

GASTA'T TAN POC COM PUGUIS EN ELS REGALS PER A LA TEVA FAMÍLIA.

S'ha de començar buscant cosetes de vint o cinquanta cèntims, i si d'aquestes no en queden... busca les d'un euro.

2a parada: el supermercat.

En aquest moment a les persones intel·ligents (a la Rebeca, no) se'ns planteja un dilema: ja tinc la panxa plena amb tot el que he menjat i, a sobre, no em deixaran pujar res al campament... Què faig? Passo de gastar-me els diners i els guardo per si els necessito? I la resposta és **NOOOOOO.** Viu el present.

Espavila, en un campament mai no saps si arribarà l'endemà.

-Queden cinc minuts per ser a fora amb les coses pagades -ens crida l'Eva.

Aaaahhh!!! Esclata la bogeria, comencem a ensopegar als dos passadissos, en Pau Plasta s'encasta contra una de les cantonades i, per uns instants, vint-i-cinc llaunes de mongetes verdes d'oferta trontollen. **CRIDEM. CORREM.** Comencem a omplir, descontrolats, la cistella de plàstic verd que ens han donat. L'Eva crida que queden dos minuts. No puc pensar, no puc pensar. Corro cap a la caixa. Pago nou amb cinquanta i agafo la bossa, satisfeta.

-Què has comprat? -em pregunta la Marina mentre tornem al campament base.

Començo a treure coses de la bossa: cinc paquets de xiclets, una bossa de patates barbacoa, una altra de ganxets, tres llaunes de taronjada i... una laca!!

—Per què necessites la laca? —em pregunta sorpresa.

Oh, no! M'he equivocat, m'he equivocat!! Vull cridar però tinc al costat l'Hug que s'està bevent una de les meves llaunes de Fanta. Em mira amb ulls burletes.

—És per... és per a **LA GORRA DE MOFETA!**

Sí, ja ho sé, no és una bona sortida, però amb tanta pressió no he pogut pensar res més.

—Per a la gorra de mofeta? —fa la Marina.

—Què passa? Això és un interrogatori o què? —la tallo.

Obro la bossa de ganxets, me'ls entaforo a grapades a la boca i faig veure que no m'adono que l'Hug s'està **petant de riure.**

Pujar la muntanya encara és pitjor que baixar-la. De vegades, discretament, la gent es fica entre els pins per amagar les provisions. Jo **he guardat els xiclets** dins les vambes i no ha estat tan bona idea com em pensava, perquè **SE'M CLAVEN ALS PEUS.**

—Mira que n'ets, d'idiota! —riu la Rebeca en veure que vaig coixa—. Què et penses? Que ens escorcollaran?

I, aleshores, tan bon punt em diu això i quan ja gairebé hem arribat al campament... Ei! Què passa? Què fan?

CONSELL 42:

NO BAIXIS MAI LA GUÀRDIA: ELS MONITORS PODEN TENIR MOLT MALA IDEA.

Pel que sembla, quan es treuen el carnet de monitors, hi ha un moment que donen un premi a «les idees més absurdes» i després se les van passant d'un campament a l'altre. Aquesta és una de les que va tenir premi:

Aixecar un control de duanes!! De debò, no hi toquen!!

Només els falta un escàner com els de l'aeroport. Ens col·loquen en fila i van escorcollant les motxilles i buidant les butxaques. Ens enganxen gomets de tres colors: verd, si no ens troben res al damunt; taronja, si no ho intentàvem amagar, i vermell, si intentàvem ocultar-los coses.

En Pau beu ràpidament el Monster perquè no l'hi prenguin, **LES DUES LLAUNES DE COP!!** Quan em toca a mi ja han requisat tanta mercaderia que podrien alimentar els nens de l'Àfrica durant un mes. Em pregunten si tinc res a declarar i els entrego les patates perquè sé que les trobaran. M'obren la motxilla i hi descobreixen la laca.

—Per a què vols la laca?

Tinc l'Hug enganxat a mi, així que passo de respondre. El resultat: primer gomet taronja al front.

—Pots seguir.

Estic tan contenta que no m'hagin enganxat els xiclets que m'oblido de recolzar el peu una mica de costat i em clavo la cantonada d'un paquet, ai!

-Treu-te els mitjons i les sabates -m'ordena en Lluís.

PLAF. PLAF. PLAF. PLAF. La cara plena de gomets vermells ●●. I a sobre el peu em fa mal.

-Cuidi's, Doctor Doofenshmirtz, que aquest xarampió cada vegada està pitjor -em deixa anar l'Hug.

La Marina de seguida m'agafa perquè no tingui temps de clavar-li una nata. No perquè no el pegui, sinó perquè això serien deu punts menys. Trec la meva llista d'intencions i subratllo tan fort que gairebé estripo el paper: **ASSASSINAR L'HUG.**

De nit, a la tenda, és difícil parlar, perquè a fora hi ha força enrenou. En Pau Plasta i els que s'han begut totes les llaunes de Monster de cop no paren de fer voltes al voltant de les tendes.

NO PODEN ESTAR-SE QUIETS. NORMAL.

CAPÍTOL 14

EL MÓN ZOMBI

Els dies van passant i avui en comença un de nou al campament. Per més increïble que pugui semblar, la imaginació dels **monitors** per inventar maneres humiliants i insuportables de despertar-nos no s'esgota mai. Noto alguna cosa que em pica als peus. No faig cas, m'encongeixo en posició fetus. Sento rialles, moltes rialles i un crit terrible.

És la Marina!! **QUÈ PASSA?** M'incorporo ràpidament. No veig res. Que m'he quedat cega a la nit del fred que fa? És un càstig que m'imposa la Llei de l'Equivalència? Això és massa! Aquesta vegada s'han passat!! Aleshores recordo que a la nit m'he embolicat una tovallola al cap perquè al matí no em molestés la llum, i me la començo a treure quan sento un cop al cul, i de sobte...

estic ben molla?

Se senten crits, somriures, confusió, gent que mira d'escapar, d'amagar-se, insults. Els monitors han pensat que seria molt divertida **UNA GUERRA DE GLOBUS D'AIGUA** i, perquè sigui encara més divertida, el millor és que ells es quedin tots els globus i nosaltres no ens puguem defensar perquè estem adormits.

Odio els campaments. Ni tan sols he aconseguit esborrar el retolador fluorescent que tinc a la cara. Les úniques que ho han aconseguit són la Rebeca i la Vicky, perquè sempre porten tant maquillatge que el retolador no els va arribar ni a fregar la pell. En Pau encara sembla un xinès.

Sort que tinc el meu m. a. s.!! El primer que faig cada matí és arrossegar-me com puc fins a les bo-tes. Avui hi he trobat un braçalet de fils molt guapo.

Un braçalet? Que bur-ra que sóc!! Òb-viament el va fer ahir a la tarda al «taller de manua-litats»; si m'hagués fixat en què feia ca-dascú, ara sabria qui és el meu m. a. s. El **torno** a mirar. Són fils de vuits colors trenats perfectament amb un dibuix en forma de fletxa.

La Marina es mor d'enveja: el seu m. a. s. no ha donat senyals de vida. Ja ho sé, ara la meva prioritat és descobrir el meu m. a. s.! **TREC LA LLISTA:**

LLISTA D'INTENCIONS
PER ALS CAMPAMENTS

- Ser popular. ✓
- ~~Trobar nòvio.~~ Trobar un nòvio guai.
- ~~ASSASSINAR LA REBECA.~~
- Ser popular per coses bones.
- Guanyar el joc.
- ASSASSINAR L'HUG.
- Descobrir el meu amic secret.

A classe d'anglès em fixo en la gent que té molt mala pinta: fan ulleres i estan fets pols. N'hi ha molts que no poden ni aguantar el cap i van fent capcinades a un costat i a l'altre. Lògic, aquí ningú no dorm més de quatre hores, perquè hem après a burlar la vigilància dels monitors i a **escapar-nos** de nit. Els més normals agafem dos camins: cap al lavabo per aconseguir fer un pipí tranquil·lament sense tenir a tothom esperant... i cap a les altres tendes amb el sac a coll per **ajuntar-nos** quatre o cinc (agafem el sac per camuflar-nos quan

QUINA FELICITAT! MAI NO M'HAURIA IMAGINAT QUE VALORARIA UNA COSA COM AQUESTA.

un monitor treu el cap). Els més atrevits, en Jordi i una petita expedició, van intentar assaltar la intendència per aconseguir menjar, però va ser impossible, no van aconseguir fer passar la Júlia (i mira que és petita) per la finestra.

Jo estic **fresca com el primer dia** gràcies a l'entrenament intensiu que la meva germana Sofia m,imposa des que va néixer.

CONSELL 43:

SI NO TENS UNA GERMANA PETITA, ENTRENA'T PEL TEU COMPTE A NO DORMIR.

Normalment aprofitem les classes per fer una becaina, excepte quan comencen a explicar-nos les coses **CRIDANT.** (no vull ser mal pensada, però sospito que ho fan expressament per despertar-nos)

He encarregat a la meva minijo (com que és petita, a la nit sí que dorm), que em doni cops de colze quan sigui necessari: si em pregunten alguna cosa, si ronco, si em cau la baba sobre el *notebook*...

A la tarda ens espera una novetat. La Nicole explica que estan programades «activitats aquàtiques»* per a l'adquisició d'un oci actiu i saludable.*

-Quines activitats aquàtiques? -pregunta en Pau-. **Caiac, submarinisme, *parasailing*?**

-Motos aquàtiques? -dic jo, amb el braç ben alçat perquè tothom es fixi en el meu braçalet. Segur que així descobriré qui és el meu amic secret.

-ESQUÍ AQUÀTIC, CURSES D'EMBARCACIONS NÀUTIQUES? -diu en Pau tot embalat.

-*Water activities* són *activities* educatives, lúdiques, esportives i de salut -contesta la Nicole.

-Vela? -Torno a alçar el braç. Potser semblo una mica totxo però tant me fa.

La Nicole passa de contestar-nos i ens diu que ara hem de fer la digestió.

-La digestió? Saps que vol dir aquesta paraula? -pregunta en Pollastre que continua fent les preguntes que els altres no ens atrevim a fer.

La Nicole el mira sense entendre res.

—Per fer la digestió, primer has d'haver menjat —li explica.

Jo diria que ara sí que ho ha entès, perquè la seva única resposta és que les mofetes hem perdut set punts. **SET PUNTS MENYS! AIXÒ ÉS MOLT!!**

De tres a cinc tenim temps lliure. El temps de tocar-nos el nas, perquè els monitors pengen un cartell:

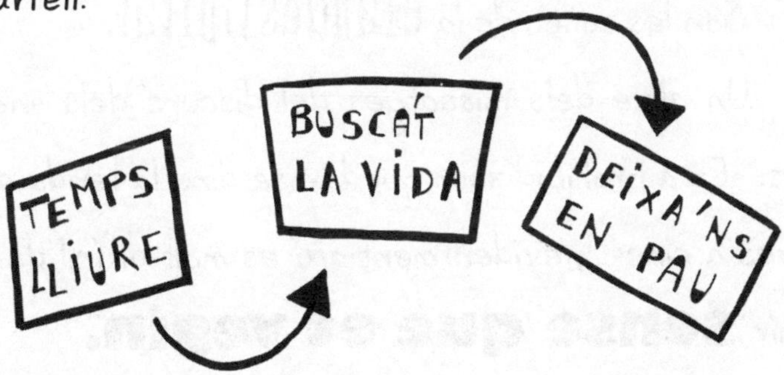

Podem fer el que vulguem: jugar a cartes, a matar conills, a fet i amagar, explicar acudits... és a dir, tot excepte dues coses: morir (hem d'esperar que siguin les cinc i un minut perquè no els podem molestar abans d'aquesta hora) i, l'únic que de debò volem, dormir; perquè aquestes coses (jugar a cartes, els acudits...) ja les fem a la nit.

I sí, podríem dormir quan toca i jugar quan toca, però...

CONSELL 44:

ESPAVILA'T! LA GRÀCIA NO ÉS EN EL QUE FAS, SINÓ A FER-HO D'AMAGAT.

Són les coses de la clandestinitat.

Un altre dels missatges del discurs dels «no» és: «Està prohibidíssim quedar-se dins la tenda de tres a cinc». I, evidentment, així és molt difícil dormir **sense que et vegin.**

Ens busquem la vida i ens estirem on sigui; per exemple, sabem que de tres a cinc, si vols anar al lavabo, val més que vagis darrere un arbre, perquè hi ha gent que dorm asseguda a les tasses i dins les dutxes.

Bé, i abans de baixar-te els pantalons, assegura't que dalt de l'arbre no hi hagi ningú que et pugui veure el cul.

M'encanta aquesta estona perquè és com viure en el **MÓN ZOMBI**. Jo em pensava que era l'única supervivent acostumada a l'insomni i que el campament era tot meu, però un dia que practicava amb el maquillatge que havia agafat en préstec (les zombis no el necessiten) de la Vicky, em vaig trobar l'Hug.

—Ostres, **QUIN ENSURT!!!** Què hi fas, aquí? —li vaig preguntar enfadada.

—Tinc una germana d'un any —va contestar.

Això ho explicava tot. El tio anava impecable, amb la roba (fins i tot els mitjons) de la mateixa megamarca que les seves supervambes. Jo, en canvi, faig servir roba d'un munt de marques, **segons la cosina que me la passa.**

—És teu? —em va preguntar mentre assenyalava el necesser enorme.

De seguida vaig intentar tapar la V gegant de Vicky. Impossible. Que potser m'atacava? Em vaig sentir atrapada, i si estàs atrapada, has de fer servir aquest consell peti qui peti:

CONSELL 45:

RECORDA QUE LA MILLOR DEFENSA ÉS UN BON ATAC.

—I a tu et maten si portes alguna cosa que no sigui d'aquesta marca o què?

—Ets impossible, **Doctor Doofenshmirtz.**

—Ecs, què fa tanta pudor?! Uf! És insuportable! —vaig inspirar fort i vaig fer molt de soroll—. Ah, sí... **És el teu ego!!**

En menys de mitja hora ja ens havíem dividit el campament per no tornar a coincidir.

CAPÍTOL 15

LES ACTIVITATS AQUÀTIQUES

ENS PRESENTEM AMB EL BANYADOR, LA TOVALLOLA I LA CARA DE SON. UN ARRIBA AMB LES VAMBES BRUTES DE TIFES. Mira que és burro! Encara no sap que no és bona idea anar a dormir al camp de les vaques?! M'estranya no veure les armilles salvavides, ampolles d'oxigen ni res que ens esperi per poder fer les fantàstiques activitats aquàtiques, tot i que no perdo les esperances, perquè els monitors van equipats amb vestits de neoprè i aletes.

—*Now, let's go* —diu la Nicole. El seu neoprè és de ❀ flors ❀! Us ho prometo!— *to the swimming pool.*

A la piscina? A la piscina hi caben les llanxes, les motos... Té mida olímpica? Doncs no, hi arribem i és **normal i corrent, amb matalassos inflables vermells!!**

—Farem exercici per posar-nos ben forts...*

Per posar-nos ben forts?* Ha! A ningú no se li escapa que és «perquè ens cansem i no donem la tabarra».

—Els cinc últims que hi entrin perdran punts. Tres punts cadascú.

En Pollastre i tres o quatre SONATS es tiren fent bomba. De l'esquitxada em mullen i l'aigua està, no freda, no, congelada!!! Que hi han tirat glaçons mentre ens distreien amb el rotllo de la digestió? De seguida ens apartem de la piscina. La Nicole va bé si es pensa que ens hi tirarem.

COME ON, COME ON, tu. Mi-te-la ella! I per què no s'hi tira ella?!

La Júlia alça la mà i pregunta a quina temperatura està l'aigua. La Nicole se la mira amb uns ulls estranys quan la Júlia esmenta el Reglament de **les Condicions Higienicosanitàries per a Piscines d'Ús Col·lectiu,** i la tia aconsegueix que la deixin estirar-se en una gandula mirant-nos.

Em pica l'ullet i arronsa les espatlles.

Els altres no estem disposats a llançar-nos a la piscina. El que no sabem és que la Nicole compta amb una arma secreta: els monitors, a qui fa servir de socorristes. Ens comencen a agafar i ens arrosseguen fins a l'aigua sense que els faci res mullar-se. Ara entenc per què van amb **VESTITS DE NEOPRÈ!!** Sort que amb les aletes als peus tenen un moviment més limitat i no poden córrer gens.

M'embolico la tovallola al voltant del coll i vaig cridant i corrent: **«Porto la tovallola».**

CONSELL 46:

FES SERVIR EL TRUC DE «PORTO LA TOVALLOLA» PERQUÈ NO ET LLENCIN A LA PISCINA.

És una cosa que sap qualsevol persona normal. Si algú es posa una tovallola al damunt i **AVISA**, no el poden llançar a l'aigua. És una manera d'assegurar-te. Com quan jugues a fet i amagar i dius «salvat».

Controlo els monitors-submarinistes i «porto la tovallola» i, amb tot, hi ha alguna cosa que no surt bé, perquè de sobte surto volant i aterro a l'aigua. Qui pot ser tan traïdor? Miro amunt, cap a la vora de la piscina, i qui m'hi trobo??

—**HUG, MALEÏT SIGUES!!!** —li crido. Passo de controlar-me.

Imbècil!!! Al primer minut de ser dins l'aigua, deixo de sentir algunes parts del cos, com ara els dits dels peus. No sé si me'ls han amputat; és impossible distingir-los sota l'aigua perquè hi ha un submón, amb una autèntica vida vegetal i animal.

La gent està molt ocupada intentant pujar als matalassos inflables: és l'única manera de no morir congelat. Tres dels matalassos estan petats i tots s'hi aferren perquè no els facin fora els que hi volen pujar. En un altre, la Rebeca i la Vicky prenen el sol la mar de tranquil·les mentre sis o set nois les protegeixen. I a l'altre..., a l'altre... Em frego els ulls. Que tinc al·lucinacions? Segur que m'he empassat aigua i m'he intoxicat. Però encara hi veig el mateix. Em torno a fregar els ulls. A l'altre matalàs hi ha en Jordi i la Marina rient la mar de contents. **EN JORDI I LA MARINA??** A veure si l'aigua ha glaçat el cervell a la Marina!

La Nicole pica de mans per cridar l'atenció i iniciar el joc de les Pilotes Aquàtiques.

Comencen a llançar-nos pilotes amb mala llet; és una veritable pluja de pilotes. Quin és l'objectiu d'aquest joc? **Ferir els participants?** No deixar-ne cap amb vida? I ara... esperen que busquem les pilotes al fons de la piscina i aleshores ens donen dos punts per a cadascuna.

Com que són «molt llestos», en comptes d'escollir colors cridaners –vermells, grocs...–, n'han triat de blaus i verds, així que les que no es camuflen amb les parets de la piscina ho fan amb el verdet del fons. Malgrat tot, ens esforcem moltíssim, perquè la Nicole ens promet que quan recuperem les cent cinquanta pilotes podrem sortir. Hi fico la mà, remeno a veure què hi trobo i trec una pilota blava i... un mitjó? Hi trobem un munt de **«tresors»**: tres forquilles, una dotzena de pedres de diverses mides, embolcalls de galetes i xocolatines descolorits, un tub de pasta de dents... i un banyador!!

UN BANYADOR? De seguida comencem a riure per sota el nas i a mirar al darrere d'uns i altres. Tantes il·lusions que ens hem fet per a res. Tots tenim el cul ben cobert. **Quina llàstima!!!**

Per fi, quan ja estem morats, les dents ens peten de mala manera i ja n'hi ha tres que s'han convertit en glaçons, la Nicole decideix que ja hem fet prou esport i ens deixa sortir. Després de veure el que hem rescatat, a mi no m'enganyen: o amb aquest joc pretenen que netegem la piscina gratis o s'hi havia caigut alguna cosa a dins i ells no es volien mullar per recuperar-la.

—Quina ràbia! —diu la Marina mentre se separa d'en Jordi—, ara que ens ho estàvem passant tan bé, oi?

Jo ni li contesto. Estic massa ocupada fent bots per veure si aconsegueixo que la sang em torni a circular pel cos. M'encantaria recuperar els peus!, i és **bastant difícil** perquè a la vegada intento tenir el braç alçat perquè es vegi bé el braçalet.

Després de gaudir de les activitats aquàtiques, ens deixen anar a la tenda a canviar-nos. La Marina i jo aprofitem per parlar, i m'explica el que ha passat: en Jordi és el seu amic secret i ha decidit que la cuidarà. **Quina sort!** Després es posa més pesada... que si és tan simpàtic... que mira que amable és. Amable? Que això de ser dolent és una façana.

—Alguna vegada has vist que realment pegui a algú? —em pregunta.

Reconec que no. Pel que sembla en té prou fent por als altres. Segueix aquest consell.

CONSELL 47:

FES QUE LA GENT ES PENSI QUE ETS CAPAÇ DE FER ALGUNA COSA, AIXÍ NO CALDRÀ NI TAN SOLS QUE HO FACIS.

Quan aconsegueixo que calli, li explico que l'imbècil de l'Hug m'ha llançat a la piscina.

—**Jo crec que li agrades** —em deixa anar.

—És clar, per això no para de ficar-se amb mi amb això del xarampió —protesto, enfadada—, i a sobre tota l'estona em diu Doctor Doofenshmirtz.

—I tu li dius «Hug, cara de cuc» i «Hug, cara de besuc». A més de Perry, l'Ornitorinc.

—Jo no tinc cap culpa si rima tan fàcilment i, a més, l'hi dic per defensar-me.

—El que passa és que tots dos sou igual d'orgullosos. T'hauries de començar a portar millor amb ell, li hauries de fer algun regalet... Al capdavall és el teu m. a. s.

JO? JOOOOOOOOOOOOO? Passo de seguir. Decididament alguna cosa no funciona al cervell de la Marina. Deu ser un efecte secundari per manca de menjar i excés de sol, o potser a la noia no se li posa bé tant d'aire pur... No penso fer cap cosa bona per un imbècil com ell. Ni parlar-ne!

Qui està insuportable per culpa de l'a. s. és en Pollastre, perquè li ha tocat la Rebeca i creu que si ella veu com n'és, de valent, es llançarà als seus peus. Per això fa coses tan estranyes com tirar-se fent la bomba a la piscina o menjar puré... Li vaig dir que canviés d'estratègia (sembla un kamikaze) i li vaig suggerir que intentés fer-li algun **REGAL**.

No sé si va ser bona idea... L'endemà al matí, la Rebeca va trobar una samarreta. El problema...

CONSELL 48:

ABANS DE MOLESTAR-TE A FER UN REGAL, PENSA SI A L'ALTRA PERSONA LI AGRADARÀ.

... és que totes les samarretes d'en Pollastre són del tipus «divertides» i hi duen coses de l'estil: «Per ser burra no ets gaire guapa», «Com més et miro, més m'agrado» o bé «**Hi ha dies que no porto roba interior**». Per a la Rebeca va escollir una de les seves preferides, una que diu: «Quan van repartir les cares, a tu et va tocar la creu»; com que la Rebeca és burra de nassos, la va entendre al revés i es va creure que la frase anava dirigida a ella, no es va adonar que si la duia posada a qui tocava la creu era a qui la llegís.

Es va empipar moltíssim. Tant que es va pensar que era una broma meva i com a revenja es va passar tota la nit **tirant-se pets.**

Bé, el cas és que estem la mar de tranquil·les parlant amb la Marina quan va i sento per megafonia:

–S'ha trobat una samarreta a la piscina. És blanca i hi diu: «Si vols i no pots», i a sota hi ha dibuixada una gran tassa de vàter. El propietari té deu minuts per venir a buscar-la a la tenda dels monitors. Repeteixo: és blanca, hi diu: «Si vols i...».

Quèèè??? No m'ho puc creure. Segur que la Rebeca l'ha deixat allà expressament!

–No és la teva samarreta? –pregunta la Marina.

–No, ara no és meva, **ara és de la Rebeca!** –la corregeixo.

–I no l'aniràs a buscar?

–Fas broma? Si hi vaig, tot el campament sabrà que és meva. És una trampa.

La Marina em dóna la raó. El millor és fer veure que no hem sentit res. Ens reunim amb els altres davant el menjador. La Rebeca em mira i somriu.

«**HA, NO HE PICAT!**», penso jo.

–Dono cinc minuts més... –torna a sonar la megafonia–. Repeteixo: la samarreta és blanca...

La gent esclata a riure perquè tothom sap que només pot ser un anunci de supositoris. La Rebeca em mira. Jo la miro. És un duel de mirades. Passa un minut, dos... El somriure de la Rebeca es va pansint;

el meu es va eixamplant. Tres..., quatre... cinc! Aleshores **se sent en Lluís:**

—Què faig? **ESPERO UNA ESTONA MÉS?**

—No sé, torna-ho a repetir... —diu l'Eva.

Ostres, són tan negats que no s'adonen que estan parlant amb la megafonia oberta i TOT el campament els sent!

—Ei, per què no llegeixes el nom de l'etiqueta?

L'ETIQUETA!! NO ME'N RECORDAVA!!

—Nooo!!! —crido mentre corro com una esperitada cap a la tenda dels monitors.

—Aquí hi ha uns cors i hi diu Sara Berlanga —diuen per megafonia—. Sara Berlanga, vine a buscar...

Tot i que em voldria morir i que els altres no em tornessin a mirar mai de la vida, no em queda cap més remei que sortir de la tenda. Ara els monitors han pensat en una nova activitat per omplir-nos l'estona. Omplir l'estona? Per què no ens deixen, senzillament, deixar que l'omplim **dormint?**

–Anirem a RENTAR la roba –anuncien. No sé si aquesta genial idea l'han tingut quan han trobat la meva samarreta–. Aneu a les tendes i agafeu la roba que tingueu bruta.

Començo a fer una muntanya de calcetes, mitjons, samarretes, pantalons...

–Nena, que no hi toques? **Tot això**, t'enduus? –em diu la Marina. Ella només porta una bosseta petita.

La Marina mira que és marrana!! Mai no ho hauria dit, d'ella. Per descomptat, té raó la meva mare quan s'enfada i li diu al meu pare que no coneixes una persona de veritat fins que no vius amb ella.

–N'hi ha que ens agrada anar netes –li contesto jo. Aviam si caça la indirecta–. NE-TES.

–Ja saps que cadascú es renta la seva roba, oi?

—I on hi ha tantes rentadores? Jo no n'he vist cap...

La Marina m'ho explica i resulta que pretenen que rentem la roba **amb les nostres mans!!!** Caic a la màrfega de l'ensurt.

—Quan ens van ensenyar el campament i ens van dir «aquí hi ha el safareig», per què et pensaves que servia? —em pregunta, burleta.

—I a mi què m'expliques... Per rentar-te els peus després de les excursions i no embrutar el sac?

Em costa una mica recuperar-me de la impressió. Aleshores entenc que la Marina **NO ÉS CAP MARRANA,** ben al contrari, és molt llesta. El que has d'intentar és...

CONSELL 49:

FES SERVIR EL MÍNIM DE ROBA ALS CAMPAMENTS PER NO HAVER-LA DE RENTAR.

Torno a repassar el meu piló. Rento la samarreta amb què em vaig netejar la pasta de dents de la cara la nit que ens van fer córrer? Home, les

taques tampoc no es veuen tant. Aquesta? Bé, és normal que aquí fem una miqueta de pudor. Els mitjons? Bah, si els capgiro els puc tornar a fer servir...

Sort que finalment he aconseguit fer una bossa més petita que la de la Marina. En sortir de la tenda em trobo directament amb... Oh, no, l'Hug!!! I, és clar, no es pot estar de vacil·lar:

–Doctor Doofenshmirtz, no sabia que fessis servir unes samarretes tan guapes. De què era...? Ah, sí! De supositoris! Quin nivell, eh?

Ràpidament, la Marina em fa una clau i em fa caure a terra.

–Pensa ens els deu punts menys, pensa en els deus punts menys –em xiuxiueja.

–MALEÏT SIGUES, HUG! MALEÏT SIGUES!! –CRIDO JO, TOT I QUE M'ENTRA SORRA A LA BOCA.

CAPÍTOL 16

LA COMUNITAT DE L'ANELL

Faig veure que netejo una taca, ja més serena de l'enrabiada que m'ha agafat, i aleshores la Júlia es col·loca entre la Marina i jo i ens diu com si fos un secret:

–A les vuit p. m. **REUNIÓ DE LES MOFETES** a la part de darrere del menjador.

–Vuit p. m.? –pregunto a la Marina–. Què és això, una emissora de ràdio? És de música?

–Són les vuit de la tarda, burra. Les vuit de la tarda en punt.

Els altres també ho devien saber perquè tots **hi vénen.** Estem + fets pols i + bruts que el primer dia i encara fem + cara d'haver-nos escapat d'una **GASA DEL TERROR.** Uff! La Júlia ens demana que seiem, i obeïm. Estem intrigats.

El Nou seu amb la seva pilota al costat. Bum. Bum. No ho pot evitar.

–Us he convocat perquè aquesta situació no pot continuar així, les nostres puntuacions són de riure i necessitem un canvi urgentment: o reaccionem ara o serà impossible –diu la Júlia.

I té raó:

Si continuem així, no els atraparem mai, tot i que...

–Però què t'esperaves? Que encara no t'has adonat que **som l'equip dels *frikis?***

–Aquesta actitud és el problema –diu ella fent que no amb el cap–. Sabeu què ens cal?

–Un miracle? –diu en Pollastre, tot seriós.

–NO –li etziba ella, però després s'ho repensa–. Bé, sí, això també. Tot i que jo el que volia dir és que hem de creure en nosaltres mateixos. I ho aconseguirem perquè jo seré el vostre *coach* esportiu i d'alt rendiment, el nostre psicòleg esportiu –afegeix.

–Guai!!! –diu el Nou la mar de content–. En tots els equips de l'NBA en contracten un.

–No heu vist què ha fet l'equip dels gats? –continua la Júlia.

–Sí, és clar –dic jo amb veu burleta–. Les gatetes glamuroses porten unes **cintes roses** lligades al cap fent una diadema, i els nois les duen lligades al canell.

—Exacte!! La Rebeca els ha donat una imatge d'equip.

—Puffff, segur que si fóssim a la ciutat la **Rebeca** els hauria fet unes samarretes i els obligaria a portar-les.

Tots riuen del meu acudit menys la Júlia.

—Aquest és el nostre principal avantatge: la Rebeca és una mala líder perquè el que vol és fer destacar el seu protagonisme. Pel que fa als óssos, és veritat que hi tenen bons esportistes, però no estan cohesionats —la tia va llançada—. Nosaltres serem més que això, nosaltres serem un Tot. Quedeu-vos amb aquesta frase:

«El tot és més que la suma de les parts».

—Com els mosqueters? —pregunta la Marina, animada.

—Exacte, és un exemple boníssim. —La Marina somriu afalagada—. A partir d'ara serem «Tots per a un, i un per a tots», us agrada? —pregunta la Júlia.

Nosaltres aplaudim molt contents.

El consell següent és de la Júlia, però també val:

CONSELL 50:

FES-TE D'UN EQUIP, D'UNA BANDA, FES-TE MOSQUETER..., EL QUE SIGUI, PERÒ NO ET QUEDIS SOL.

—Cadascú tindrà una funció diferent segons les seves qualitats —continua explicant la Júlia—. Cadascú és el millor en alguna cosa i només necessitem trobar aquest **talent especial...**

Els altres mirem de reüll a en Pau Martínez... I ell en què destaca? En ser el més plasta? Què farà? Clavar la pallissa als altres fins que caiguin a terra esgotats??

Aleshores em recordo de la Rebeca; si fins i tot ella val per a alguna cosa, suposo que en Pau...

—Serem un equip —continua la Júlia— i per començar necessitem un nom. Alguna proposta?

—ELS SET MOSQUETERS? —proposa la Marina, que continua amb la seva idea.

—**La Comunitat de l'Anell** —diu en Pollastre, que fa un bot i es posa dret.

Oh, no, ja comença amb les seves burrades! I el fort del cas és que... als altres els encanta. Riuen quan diu que el Nou serà el nan Guimli i en Pau somriu il·lusionat de ser un hòbbit.

—I qui serà en James? —pregunta el Nou mentre assenyala la seva **PILOTA.**

—En James és l'altre hòbbit. Som vuit com la Comunitat de debò!!! —respon en Pollastre, il·lusionat—. Això és un senyal.

—És perfecte, senzillament perfecte. Ara som un equip, la poderosa Comunitat de l'Anell, i els altres han de continuar creient que som la banda dels *frikis*. És el **nostre secret** i la nostra força. El que hem de fer ara és planificar una estratègia...

Uns i altres ens atansem més; és increïble, però tots estem contents (sobretot jo, que com que sóc en Frodo, sóc la que mana). La Júlia ens parla de les cinc «C»: **C**onfiança en nosaltres mateixos, **C**oordinació per aprofitar el talent de cadascú, **C**ompromís... (bé, n'hi havia dues més, però ja no hi vaig parar més atenció, que jo sóc una nena afamada, i no un robot!).

Els set cantem el nostre himne: **COMUNITAT!! COMUNITAT!!**

Sortim separats per dissimular i tots caminem somrients. El Nou vinga a fer bum, bum, bum amb la pilota. Ara som d'una banda secreta. Ens sentim especials. Fins i tot en Doble P sembla més alt.

Després de sopar,* els monitors, en comptes de deixar-nos tranquils, decideixen que el millor és animar-nos amb un altre dels seus jocs. Els membres de la Comunitat ens mirem dissimuladament. És la nostra primera prova. El nou joc es diu «**Endevina la pel·lícula**».

S'escull un dibuixant per equip, que rep una targeta amb el nom d'una pel·lícula i té dos minuts per dibuixar alguna cosa i aconseguir que els altres endevinin de quina pel·li es tracta. Només dibuixos.

No s'hi val a parlar ni escriure. Són tres punts per cada pel·li encertada, i hi ha rebot. La Rebeca, tot i que no té ni idea de dibuixar, s'entesta a dir que és la que ho fa millor; els óssos escullen l'Hug i a l'equip de les mofetes està clar qui és l'elegit... **Jo sóc una artista!!!** I aquest és el meu talent.

Li donen la primera targeta a la Rebeca, després anem les mofetes, i en acabat els óssos. Llegeix la targeta, fa morrets perquè es vegi bé el *gloss* rosa i comença a pintar a la pissarra un bunyol que sembla... el castell de la Bella Dorment? Ningú no en té ni idea. El rebot és meu!! La Rebeca em passa la targeta amb cara de fàstic. La llegeixo. No tinc cap dubte: dibuixo un chibi preciós amb una gorra en punta, ulleres rodones i un llamp al front.

—**Harry Potter!** —salta la Marina.

Correcte!! Li faig xoca-la! tal com ens ha ensenyat la Júlia. Ara és el meu torn. No. El meu torn no. Malament. Malament. Recordo el que ens va dir la Júlia: som un equip. És el nostre torn!! Em donen la segona targeta. Quina sort, no m'ho puc creure!! Faig un chibi horrible, calb, amb panxeta i un dit enorme.

–E. T. –diu en Pau Plasta.

No, dic amb el cap. No. No. No. Un moment, un moment. Dibuixo ràpidament un anell enorme al dit bonyegut.

–**THE LORD OF THE RINGS,** *The Lord of the Rings* –crida en Pollastre.

Visca! Fem un xoca-la i l'Hug agafa la tercera targeta. El tio té molta sort i li toca *Spiderman*, per favor!, només ha de dibuixar una teranyina. La Rebeca està una mica picada (no suporta perdre); li donen la quarta targeta i comença a pintar una bèstia molt grossa amb molt de pèl.

–*Monstres, S. A.?* –dubta la Vicky.

No és *Monstres, S. A.* Jo encreuo els dits perquè ningú no s'adoni que allò sembla un mamut, el mamut més mal dibuixat de la història, però un **MAMUT.** Si no s'acaba el temps, m'agafarà un atac. Que s'acabi el temps, per favor! Visca! Tornem a agafar el rebot nosaltres. La Rebeca em dóna la targeta i em clava una plantofada a la mà. Llegeixo la targeta. És la pel·li que jo m'imaginava. Només necessito un moment: faig uns glaçons i la silueta d'un dinosaure.

—**Ice Age.** *L'edat de gel* —respon la Marina.

Sí!! Una altra vegada em ens toca a mi nosaltres! Aquesta vegada em ens toca una pel·li molt fàcil: dibuixo ràpidament un cotxe, tant és que surti una mica mal fet, busco el guix vermell, el pinto, hi faig un ulls enormes en comptes de parabrises, un somriure més avall...

—**Cars!!** —diu tot orgullós en Pau. Fem un altre xoca-la.

Visca! Sis punts més! Som imparables.

CONSELL 51:

NO JUGUIS AMB GENT QUE NO SAP PERDRE.

Arriben més targetes. Fins i tot la Rebeca aconsegueix que els gats l'encertin quan els toca *La pantera rosa* (només s'ha d'assenyalar una taca de puré rosa als pantalons). Les pel·lis comencen a ser més complicades: *Toy Story*, *Star Wars* (no és tan fàcil dibuixar Darth Vader)... Els meus fallen a **Pirates del Carib**, no m'ho puc creure! Els havia dibuixat un chibi calavera i una platja... El meu dibuix és tan bo que els óssos de seguida agafen el rebot.

Tot i així, quina pallissa que els clavem. Sóc bonissima!! No. Malament. Som bonissims!!!

-OK -fa la Nicole-, *there are only three films left*.

Col·loca les tres targetes mirant enlaire perquè siguem nosaltres mateixos els que escollim.

Comença la Rebeca: dibuixa una mena de bèstia estranya que tant podria ser un marcià com una molècula... Hi ha rebot per als **ÓSSOS**, que

són els segons que menys punts tenen acumulats. L'Hug dibuixa una cosa que sembla una pistola al costat i, miraculosament, un noi del seu equip diu:

—Men in Black.

I encerta. És increïble! Si és veritat que cadascú té un talent, el d'ells és tenir sort. És el torn de l'Hug. Mira la targeta i somriu. Merda, deu ser fàcil. De seguida dibuixa un home que apunta amb una pistola i el mateix del seu equip deixa anar:

—James Bond. 007

Aixeco la nostra targeta i la llegeixo. No m'ho puc creure. És dificilíssima! Dos minuts és molt poc temps. TIC-TAC, TIC-TAC. M'esforço de valent. Com el puc representar? Com? Ràpidament dibuixo un chibi lleó amb melena.

—El Rei Lleó —diu en Pollastre.

«No, no», nego jo rotundament amb el cap. Els demano calma amb la mà.

—Madagascar! —crida en Pau.

Madagascar? Aquest flipa. Miro la Marina. Ella ha llegit tots els llibres. «Pensa, Sara, pensa. Què més pots dibuixar? Què més?». Estic molt nerviosa. Passen els segons. Ens en queden trenta, vint-i-nou, vint-i-vuit, vint-i-set... Sí, ja ho sé! Començo a dibuixar un **ARMARI**. Em tremola una mica la mà. Em surt una mica malament. Dotze, onze... Torno a mirar la Marina. Au, vinga. És impossible que no senti com li crido des de dins del cap. Queden quatre, tres...

—**LES CRÒNIQUES DE NÀRNIA!** —diu ella mentre s'aixeca de l'emoció.

Les dues ens abracem. Hem guanyat. Hem guanyat. Les altres mofetes vénen i també ens abracen. Per fi les coses comencen a funcionar:

«Comunitat! Comunitat!», cantem en veu fluixa fent saltirons.

—*Well, very well played, Sara. Congratulations* —em diu la Nicole.

De mica en mica se'ns passa l'eufòria, tot i que ningú no em pot **ESBORRAR** el somriure. Busco l'Hug amb la mirada per riure'm a la seva cara, però no el veig enlloc. Aleshores ve un noi dels óssos a felicitar-me.

–Dibuixes molt bé.

–Gràcies –no dic res més perquè m'he posat vermella com un perdigot. **És força guapo.**

–Sóc en Màrius.

–I jo, la Sara.

–Sí, ja ho sé.

Ens quedem mirant-nos com dos sòmines que no saben què dir-se.

-Children, you have ten minutes -diu la Nicole per avisar-nos que comença el **COMPTE ENRERE** si volem anar al lavabo.

-Me n'haig d'anar. Per cert, molt guapo el braçalet -em diu en Màrius-. Fins demà.

El braçalet!! Amb tantes emocions me n'havia oblidat. Em passo tota la nit rumiant: Què volia dir amb això del braçalet? L'ha esmentat casualment? Ha estat la seva manera de dir-me sense dir-ho explícitament que...

...ELL ÉS EL MEU AMIC SECRET?

CAPÍTOL 17

LES EXCURSIONS

Al començament, quan anava d'excursió només hi veia **avantatges:**

Aquest dia saps que el menjar serà un bon tiberi: un entrepà, un suc, dos paquets de galetes i un préssec. Te'l donen abans de sortir perquè el portis a la motxilla.

No hi ha classe d'anglès. L'any passat es veu que els sabia tan de greu que ens perdéssim un dia de classe que van intentar que un monitor anés llegint en veu alta el llibre mentre explicava la lliçó. Es van lesionar quatre monitors: dos van xocar contra un arbre, un altre va acabar dins d'un bassal i l'últim va relliscar per un pendent... encara el busquen.

Però... em vaig equivocar:

Anar d'excursió encara és pitjor que quedar-te al campament.

Les excursions consisteixen bàsicament en tres moments:

1º: Som-hi, nois, que pujarem fins aquell cim.

2º: Mireu quin paisatge més bonic. Oh!!

3º: Som-hi nois, que hem de baixar el cim.

Per començar hem de suportar un altre discurs dels «no»: **PROHIBIT** sortir del camí!!, prohibit aturar-se!!, prohibit quedar-se enrere!!

–*Children, look, look at nature!!* –va dient la Nicole–. *Nature is beautiful!!*

Beautiful? Sí, suposo que és bonic, bastant bonic si ets un esquirol o alguna bestiola d'aquestes. Per a mi, una cosa bonica, bonica de debò pot ser una... pizzeria.

—*Attention, take a deep breath...* Obriu bé els pulmons i agafeu aire. Així.

Però... què diu **AQUESTA BOJA?** Que ens vol matar o què? La Nicole comença a inspirar i a expirar com si ens fessin una revisió mèdica, però belluga molt els braços.

Per al bé de la teva salut, segueix el meu consell:

CONSELL 52:

A LES EXCURSIONS, QUE NO SE'T PASSI PEL CAP RESPIRAR A PLE PULMÓ.

No penso exposar els meu pulmons, acostumats a la contaminació, a una sobrecàrrega d'aire pur. Pobrets... **SERIA UNA MORT SEGURA.**

—Aquest exercici us obrirà la gana, *you will get very hungry.*

Mare meva!!! *Very hungry?* Es pot tenir + gana? Penso a quedar-me aquí plantada, sense bellugar-me ni un centímetre, però al final em fa més por quedar-me sola i que aparegui un ós enorme amb un menú sota el braç on digui: **Sara.**

La Nicole ens prohibeix parlar (diu que ho fa perquè no ens cansem, tot i que és perquè parem de queixar-nos) i, és clar, quan et prohibeixen una cosa, és la que més de gust et ve.

Només puc parlar amb en Pau Plasta. La Marina va agafadeta de la mà amb en Jordi i es miren amb cara d'idiotes. Jo els anomeno **la Bella i la Bèstia,** però afectuosament, tot i que no ho tinc tan clar... En Jordi sí que és bastant bèstia, però la Marina, guapa, guapa... no ho sé... En Pollastre està més sonat que mai i molt pesat. L'aviso que, si em torna a dir Frodo una altra vegada, li trenco la cara. I en Màrius, que és amb qui més m'agradaria parlar, va al davant amb els seus amics.

És que és tan guai en Màrius!

Quan ja fa deu minuts que camino descobreixo una cosa molt curiosa: la llei de la gravetat no funciona igual a la muntanya que a la resta del món.

Per un fenomen que no entenc, aquí està concentrada tota la que els falta als astronautes a l'espai, és potentíssima, t'atrau més al centre de la Terra... Per a mi és l'únic que explica que costi tant fer un pas rere l'altre, que aixecar el peu de terra sigui un esforç cada vegada més brutal i que cada dos per tres algú caigui.

Anem despentinats, suats, amb la **llengua fora,** les cames fetes pols de tanta força que fem per desenganxar-les de terra, els genolls pelats, amb **HERBA I SANG INCRUSTADA,** i les mans esgarrinxades d'intentar amortir les caigudes.

CONSELL 53:

PASSA DE POSAR-TE GUAPA PER ANAR D'EXCURSIÓ.

No val la pena. No cal que t'hi escarrassis. Tant és si hi vas en pijama. La Rebeca i la Vicky s'han estimat més allisar-se els cabells, pintar-se la ratlla i vestir-se *megafashion* en comptes d'esmorzar.

Ara estan tan marranes com les altres, fins i tot se'ls veuen els granets. Perfecte!!!

A la muntanya sempre es compleix aquesta norma:

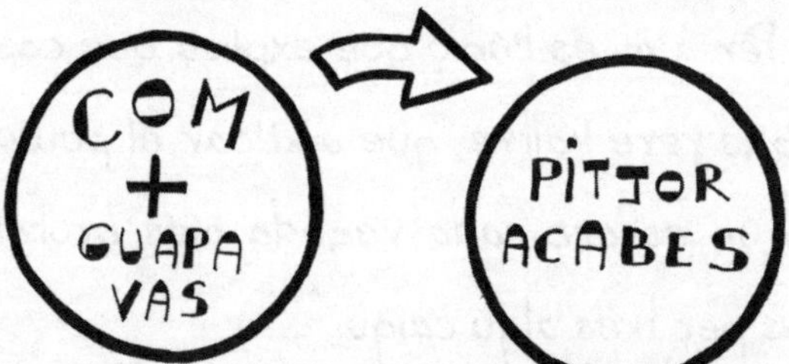

Jo he tingut un cop de sort. Les úniques botes que la meva mare em va poder aconseguir eren un número més gran que el meu i, tot i que jo vaig protestar, em va obligar a portar-les amb l'excusa que potser **EM CREIXERIA EL PEU.** Que em podia créixer el peu en dues setmanes? Au va!!

Així que aquest matí m'he hagut de posar tres capes de mitjons i he trigat deu minuts a posar-me'ls; una mica més i em quedo sense esmorzar. En canvi, la Vicky portava uns mitjons amb estrelletes molt bonics, però que només li arribaven fins als turmells, i les botes se'ls hi han menjat en dos minuts. Ara continua veient les **estrelles** gràcies a les fantàstiques butllofes que li han sortit.

CONSELL 54:

INVERTEIX UNA PART DE LES PROPINES EN TIRETES, VENES, GASSES I MATERIAL DE PRIMERS AUXILIS.

Arribem a un rierol. Hi ha roques per travessar-lo sense mullar-te. Tots anem fent equilibris d'una roca a l'altra, excepte la Marina. Ella travessa el riu la mar de feliç amb les seves supervambes impermeables i ultralleugeres.

Ara li toca a la Rebeca. Com que la seva motxilla arribarà massa tard de Grenlàndia, la seva mare li ha enviat roba de recanvi, **roba megaguai.** I ara no vol que se li mullin les vambes noves, per això només recolza una mica la punteta del peu a la primera roca.

-Ai, ai! -crida, i enretira el peu.

Aleshores, en Pollastre (que desvarieja i es pensa que és l'Aragorn) té una idea genial per conquerir el seu cor: agafar-la en braços i carregar-la fins a l'altra banda del riu. Me'l quedo mirant. Com se li acut agafar **la Rebeca en braços??**

HA, HA

HE, HE

HE, HE

HA, HA

HA, HA

—No és... —li dic jo, però en comptes d'escoltar-me toca el dos— ... bona idea.

En realitat, ho dic molt fluixet, perquè encara que en Pollastre és el meu amic i el vull ajudar, només d'imaginar-me l'escena, **ja em moro de riure.**

Arriba fins a la Rebeca, que mira l'aigua com si fos àcid, i comença a aixecar-la com pot. I dic «com pot», perquè tot i que la Rebeca és un fideu, deu pesar moltíssim. En Pollastre està vermell com un pebrot de l'esforç. Bé, també per les nates que li clava la Rebeca perquè la deixi en pau. Però ell insisteix, l'aixeca i es planta a la primera roca.

No està gens clar que pugui aguantar, i a sobre la Rebeca, que és burra, li etziba un cop de puny a l'espatlla i... plaff! Us ben juro que s'aixequen bandades d'ocells espantats dels insults que li deixa anar la Rebeca quan tots dos cauen a l'aigua! Mai no hauria imaginat que algú que llegeix tan poc pogués tenir un vocabulari tan variat. Tant de bo hagués agafat una llibreta.

No puc evitar-ho, **em moro de riure!** La Rebeca aconsegueix posar-se de quatre grapes.

CONSELL 55:

SI SURTS A CAMINAR, POSA'T TEXANS.

Et ben asseguro que no és bona idea portar pantalons clars i calcetes negres si et mulles el cul. **Ha, ha, ha!** Encara de quatre grapes, recolza una mà en una roca coberta de verdet, rellisca i torna a caure de cul a terra, pataplaf! Em fa mal la panxa de tant riure! Haurien de formar **una parella de còmics.**

De seguida m'esguerren aquest moment tan divertit, perquè tota la colla de pretendents de la Rebeca es llancen a l'aigua per fer mèrits, fins i tot, és clar, l'Hug.

Després d'aquest «incident», la Nicole s'enfada i ens obliga a anar en fila índia com si fóssim reclusos. Davant tinc en Pau Plasta, i darrere, l'Hug. El problema és que em començo a cansar, trec la cantimplora (aquella tan moderna que va «agafar en préstec» el meu pare de l'exèrcit) i faig un glop, però aleshores l'Hug m'atrapa –el tinc enganxat al darrere i l'imbècil em va cantant «Motxilla, motxilla! Motxilla, motxilla!» per fotre's de la meva bossa de Dora l'Exploradora–. Ostres, tu! Quin estrès! Ell va més ràpid i canta més alt. **Jo em canso més.** Ell va més ràpid. Què li passa a aquest tio? Que li paguen perquè m'empaiti o què? **EM CANSO.** M'empaita. ***EM CANSO.*** M'empaita. Em despisto, la maleïda llei de la gravetat m'arrossega, i patapam!, acabo a terra. **NORMAL.**

–Estàs bé? –pregunta en Pau mentre m'ajuda a aixecar-me.

–Sí, és clar.

Faig un bot i em poso dreta. M'espolso les pedretes i l'herba. És mentida, no estic gens be, perquè m'he clavat una pedra al cul i em sagna una mica el genoll, però passo que l'Hug se n'assabenti. No li donaré pistes. Em treu de polleguera.

L'Hug em continua pressionant. La pujada cada vegada és més forta. Ens hem mort i estem **PUjant directament al cel** o què? N'hi ha molts que s'enfilen a quatre grapes. Ara entenc per què ens van obligar a fer una assegurança d'accidents.

—*Let's go, let's go! Hurry up,* vinga —diu la Nicole—. Ja gairebé hi som.

Segur que abans de sortir del campament s'ha pres cinc o sis **Monster** dels que ens van decomissar. És impossible mantenir aquesta vitalitat d'una altra manera.

Ara mateix m'estimo més estar ben lluny d'en Màrius perquè no pugui veure la fila que faig. De sobte noto fred a la part baixa de l'esquena. Dissimulo tan com puc perquè el burro de l'Hug no em vegi, em toco i m'adono que **ESTIC MOLLA!!**

Surto de la fila, descarrego la motxilla i trobo l'explicació: maleïda Llei de l'Equivalència! Miro a dins i resulta que la motxilla s'ha convertit en una bassa on floten l'entrepà, les galetes, un paquet de mocadors, les pedres i el tap de la supercantimplora, que ha saltat. Quin fàstic!!

–Ha, ha, ha! –sento que riu la Rebeca quan passa pel meu costat–. **La Sara s'ha pixat a sobre!!**

D'acord, d'acord, reconec que jo mateixa no he seguit el meu consell dels texans.

CONSELL 56:

RECORDA QUE ÉS MÉS FÀCIL DONAR CONSELLS QUE SEGUIR-LOS.

Diria que si fa no fa al cap d'una setmana (ja no sé que em dic, he perdut la noció del temps), la Nicole decideix que és un bon moment per descansar. A dalt al cel, volen **uns ocellots.**

–Són voltors? –pregunta en Pollastre.

–Voltors?

–Sí, voltors que esperen que ens morim per menjar-se els nostres cadàvers.

La gent treu les cantimplores i beu; jo llepo la part de sota de la meva motxilla, els peus de la Dora. Els que han defallit hores abans arriben arrossegant-se. No crec que em pugui moure en les pròximes tres o quatre hores.

–*Well*, ara descansarem* amb un joc molt divertit –diu la Nicole– per equips...

–Hi deu haver un problema amb la traducció –l'interromp en Pollastre amb la mà alçada–; aquí, a casa nostra, **DESCANSAR VOL DIR NO FER RES.**

Tres punts menys per a les mofetes per impertinents. Ens explica que «l'altitud i la climatologia han configurat» i bla, bla, bla..., i per tal que valorem la riquesa de *the nature* hem de trobar el major nombre possible d'exemplars i bla, bla, bla..., cosa que traduïda significa:

Cada planta comptarà dos punts, i si en sabem el nom, tres punts. Després ens deixa anar el típic discurset que s'ha de respectar la naturalesa, que si cadascú arranqués... que per això portem un mòbil amb càmera per equip, perquè fem fotos de les troballes...

—OK, LET'S GO, CHILDREN, LET'S GO.

Pel que sembla, trenta parelles de botes ja poden trepitjar i esclafar tot el que troben, que no fan tan malbé la naturalesa com arrencar quatre herbes.

Ningú no es belluga. Evident. Passem. Per desgràcia, la Nicole pensa d'una altra manera i ens convenç de seguida amb el subtil mètode d'enviar en Robocop, la Coloraines i els altres monitors a clavar puntades de peu a qui no s'aixequi. Té un poder de persuasió tan eficaç que en dos minuts estem a punt (fins i tot els de les butllofes) per descansar* mentre ens clavem la pallissa de buscar **HERBETES.**

–I vosaltres, què fareu mentrestant? –torna a preguntar en Pollastre a la Nicole–, «no» descansar ajaguts a terra?

Patapam!, cinc punts menys. **AIXÍ ÉS IMPOSSIBLE!!**

CAPÍTOL 18

DESCANS i TORNADA

La Nicole ha aconseguit motivar-nos tant que esperem com a mínim cinquanta metres per **LLANÇAR-NOS UNA ALTRA VEGADA A TERRA** (és el temps que triguem a trobar un munt d'arbres que ens tapin prou).

CONSELL 57:

QUE NO T'ENXAMPIN QUE NO FAS CAS.
ÉS TAN IMPORTANT FER CAS COM EVITAR QUE T'ENXAMPIN QUAN NO EN FAS.

—Què és aquest lloc? Que aquí hi roden les pel·lis d'Indiana Jones o què? —em pregunta la Júlia, que ha caigut al meu costat. La pobra s'està col·locant amb l'inhalador.

—Que fas broma? Aquí l'Indiana Jones no hauria sobreviscut ni un dia.

S'està la mar de bé estirada aquí a terra, clavant-me dues-centes pedres i tot d'agulles de pi, però no han passat ni cinc minuts que en Pau Plasta ja m'està cridant: **FRODO, FRODO...**

—Frodo, quèèè? —li crido jo.

—He trobat deu espècies diferents.

Ara resulta que és un expert; és clar, per això és el campió dels megaviatges.

—Aquest arbre és un bedoll, i aquell, un avet, i un xiprer... i aquelles flors grogues d'allà són de ginesta, i aquesta, toca-la —em diu—, de què fa olor?

—Menta —dic, sorpresa—, **ÉS MENTA!**

En Jordi s'atansa a en Pau amb la mà alçada. En Pau s'arronsa perquè

s'espera que li caigui una plantofada sense entendre'n el motiu, però...

–Per fi has trobat el teu talent!! –En Jordi li dóna dos copets d'enhorabona a l'esquena.– Ens pensàvem que no valies per a res.

–Comunitat!! **COMUNITAT!!** Comunitat!! –cantem feliços.

–Molt bé, Pau –li diu la nostra *supercoach*–. Confiem en tu. Avui serà el teu moment. Avui tu seràs el que ens portarà a la victòria. Recordeu-ho bé: **CON-FI-AN-ÇA.**

Viscaaa!!

CONSELL 58:

HAS DE CREURE QUE TOTHOM VAL PER A ALGUNA COSA.

Quan tornem, ja ha arribat tothom. Jo ric quan penso en la pallissa que els clavarem, però la **Nicole** té uns altres plans:

—Aquesta nit projectarem les vostres troballes i farem el recompte.

Baixar encara és pitjor que pujar. No hi ha cap part del cos que no et vingui de gust arrancar-te de tant de mal que et fa. Si la Nicole ens donés una motoserra, això seria una massacre.

A sobre, ara ja no et pots creure (ni per més que ho intentis) això d'«ànims, que ja falta poc». No t'ho pots creure perquè has de desfer una altra vegada tooot el camí i saps que hi ha un munt de fang, quatre roques per creuar el riu, fang, quatre roques... L'única que encara conserva la vitalitat és la Rebeca, que cada vegada que arribem a un «riuet amb quatre roques» i veu que en Pollastre-Aragorn va cap a ella, surt com una fletxa per travessar-lo ràpidament abans ell no la torni a agafar en braços.

Per fi, després d'unes quantes hores, dies o setmanes, en Pau diu que ja es veu el campament. Fem un últim ESFORÇ i de mica en mica caiem a la primera ombra que trobem.

—Oi que us ho heu passat pipa? —ens pregunta la Nicole—. Ha estat A GREAT TIME.

La Marina, en Jordi i jo hem hagut de retenir en Pollastre perquè tan bon punt l'ha sentit s'ha aixecat per estrangular-la.

—*Don't worry*, no us poseu tristos perquè s'hagi acabat. Si tenim temps, *we will do another excursion*, farem una altra excursió.

En sentir això, deixem anar en Pollastre.

Quants punts deuen treure per assassinat? Tant hi fa, val la pena si així no has d'anar d'excursió.

Com que en Pollastre va arrebossat de fang, pedres i herba perquè els últims quilòmetres els ha fet arrossegant-se, agafa la mateixa VELOCITAT que l'estàtua d'un parc: un peu, un altre peeeeu..., així que la Nicole toca el dos abans que l'atrapi. Ni se n'adona.

–Bé, ara –diu l'Eva–, un premi:* una bona dutxa! Us quedareu com nous.*

No t'ho creuràs, però el que realment és un càstig –dutxar-te– en realitat ens sembla un premi. Imagina't si n'estem, de fets pols. Com que, com ja he dit abans, el paleta que va fer els lavabos era un bromista i només va instal·lar-hi tres dutxes, es forma una cua llarguiíissima, tan llarga que l'Anna proposa que ens dutxem dins la tassa del vàter amb gibrells carregats d'aigua del lavabo. És una bona idea, però passa que ens fa mandra anar a buscar gibrells.

Davant meu hi entra la **Vicky.** Tan bon punt tanca la porta començo a colpejar-la.

–Vinga, va, que trigues massa!! Espavila't...!

Em quedo al·lucinada perquè surt de seguida, no hi ha estat ni dos minuts. Que bé!! Potser sí que té raó el meu pare quan diu que si no aconsegueixes les coses tan fàcilment aleshores et tornes més fort.

Si a casa de la Vicky tinguessin un sol lavabo per a cinc persones, com a casa meva, estaria acostumada que li copegessin la porta i fins i tot que la insultessin. Jo he après a forçar el pany, perquè és l'única manera de treure'n la Raquel; amb això ~~ja t'ho he dit tot~~.

És el meu torn. M'hi fico vestida.

CONSELL 59:

ESTALVIA'T TANTA FEINA COM PUGUIS.

Així se'm treu el fang de la roba i no tindré la feinada de rentar-la. Aquest és el meu moment de tranquil·litat després d'un dia tan dur. TRANQUIL·LITAT? Tan bon punt he tancat la porta ja hi han començat a donar cops. Em sento com a casa... Que bé que

s'hi està a caseta! Alço el cap i miro cap al sortidor de la dutxa perquè l'aigua em caigui directament a la cara, obro l'aixeta i...

-Aaahhh!!! -crido.

Em cau a sobre un diluvi d'aigua freda. Aquí què fan servir per a l'aigua, escalfadors o refredadors? Els gelats encara surten més calents del congelador de casa meva. Intento tancar l'aixeta, les mans em rellisquen cada dos per tres, és impossible, moriré congelada!, sé que **MORIRÉ CONGELADA!** Quan ja estan a punt de sortir els glaçons, aconsegueixo tancar-la. Surto a tota pastilla.

-MATARÉ LA VICKY!

Després del sopar* ens reuneixen per «posar en comú» les troballes que hem fet. Instal·len una pantalla i comencen els torns: cadascú mostrarà una foto i dirà com creu que es diu l'espècie en concret. Quan s'acabi ens diran qui ha encertat.

L'exposició dura molt poc.

Els , amb la Rebeca de capitana, han trobat els **fàcils:** avet, pi, margarides, dues flors que no saben com es diuen i unes males herbes que són el que sembla: males herbes-menjar per a cabres.

L'Hug i els  afegeixen la menta a l'avet, el pi i les margarides. Amb cada nova fotografia, veig que l'Hug em mira de reüll i somriu. **MALEÏT SIGUIS!** L'última és una flor preciosa de color entre rosa i morat que sembla un ventall, de nom desconegut.

—*Well, well, now* és el torn de les .

A nosaltres ens representa en Pau Martínez. Es posa dret. Els que són de la nostra escola i el coneixen es comencen a donar copets amb els colzes. Com pot ser que hàgim escollit en Pau Plasta??? Se senten rialles burletes. Estan convençuts que és una broma.

No els culpo. Jo, si no hagués tingut l'oportunitat de tractar amb ell també ho hauria cregut.

–Au va, demostra'ls qui ets! –crido a en Pau.

Al pobre li entra una mica de cangueli per la responsabilitat. En Jordi l'atura quan passa per davant seu. Tothom calla, impressionat. Què passarà? **REBRÀ DE VALENT?** En Jordi aixeca la mà i li fa un xoca-la. Tots es queden amb un pam de nas. Això sí que li dóna forces. Sospira fort i comença:

–L'última foto que han mostrat és de les flors d'una **acàcia de Constantinoble.** I les segones margarides que han dit les taronges, no són margarides, són **calèndules.**

Aha!! A poc a poc va agafant confiança, relaxa les mans, deixa de suar i comença a parlar més fort. I les anomena totes: bedoll, avet, pi, xiprer, acàcia, xicoria, olivereta, rosella, bruc, conillets i menta. El tio s'hi recrea i ens dóna tota

mena de detalls, gaudint del seu moment de glòria.

Al cap d'una hora i quart ningú no s'ha mogut del seu lloc. No sé si és perquè estem fascinats amb el seu discurs (es veu que el paio és força divertit quan et prens la molèstia d'escoltar-lo) o perquè estem baldats i ens fa mal tot el cos. La Nicole s'ha quedat tan bocabadada, que quan acaba es posa de peu i aplaudeix: **«Fantastic, fantastic»,** i ens dóna cinc punts extra.

CONSELL 60:

L'IMPORTANT NO ÉS PARTICIPAR, L'IMPORTANT ÉS GUANYAR.

Sí, segur que has sentit aquesta cançoneta mil vegades i a la inversa: l'important és participar i bla, bla, bla... però fixa't bé a qui l'hi has sentit dir, això.

Als qui guanyen o als altres?

No ens esborraran el somriure de la cara ni a plantofades. Ha, ha, ha!

Comunitat!!
Comunitat!!

102 PUNTS 123 PUNTS 129 PUNTS

CAPÍTOL 19

APRIL FOOLS' DAY

A mesura que s'acaba el campament m'adono que és veritat que hem après moltes coses; per exemple, que el millor moment del dia és... **CAP** (també ho he après en *English:* ***NONE***); també hem après a no queixar-nos, perquè quan creus que la cosa ja no pot anar pitjor, sempre hi ha algú que aconsegueix empitjorar-la.

COM − DIES QUEDEN + ENGINYOSOS ES TORNEN

Només queden dos dies i els nostres estimats monitors ens fan una broma fantàstica (espero que el teu detector d'ironia s'hagi disparat i soni com un boig): l'Eva entra a la tenda amb una **OLLA**  i es posa a clavar-li garrotades.

–Som-hi, amunt ràpid. Dos minuts i ens llevem. Au va, amunt!!

Ens vestim a corre-cuita i sortim corrents. Aleshores... aleshores resulta que a fora és de nit i que la llum que vèiem era dels reflectors.

De nit?

Ja no tinc temps per pensar res més, perquè en aquest moment, totalment a traïció, em ruixen un xurro de nata als ulls. Què els passa?? Que s'han donat un cop al cap i s'han trastocat (MÉS del que ja ho estaven)?

–*Welcome to April Fools' Day! Welcome to April Fools' Day!* –diu la Nicole.

Ens expliquen que a Anglaterra hi ha un dia dedicat a les **BROMES,** que s'assembla al dia dels

Innocents i es diu *April Fools' Day* o dia de l'innocent o de les bromes d'abril.

–Si **NO SOM A L'ABRIL** –protesta en Pollastre.

–S'ha de fer servir la imaginació, *children*, fer servir la imaginació.

–Aleshores... nosaltres també podem fer bromes –s'anima en Pollastre.

Li dono uns copets al cap. Ai! De vegades és tan ***FOOL...***

Ni tan sols ens deixen tornar al llit. Això no té res de Dia de les Bromes, és el Dia dels Malsons. Abans de donar-nos esmorzar, ens obliguen a ballar el ball de la vaca, que consisteix a moure't com una vaca boja mentre **SONA** pels altaveus aquella cançó tan horrible de «jo tinc una vaca flaca, jo tinc una vaca flaca, que menja molt...» a tot drap.

Després ens fan beure llet socarrimada. Això no és ni tan sols una broma; passa cada matí, perquè la llet se'ls crema i té un gust FAS-TI-GÓS.

Si no vols notar el gust, segueix sobretot aquest consell.

CONSELL 61:

PORTA SEMPRE UNA PINÇA D'ESTENDRE A LA BUTXACA.

Seiem i cadascú treu una pinça que es col·loca com si res **al nas.** És veritat que fa molt mal, que parlem com si estiguéssim refredats i que sembla que no hi toquem, però és l'única manera de no «assaborir-la». També és molt important recordar-se de glopejar aigua abans de treure's la pinça.

Avui no només la llet té gust de cremada sinó que, a sobre, no ens donen melmelada.

A la tarda, després d'un dia de brometes enginyoses, descobrim per què no queda melmelada: **l'han fet servir per construir el túnel del riure.**

És un túnel molt curiós perquè, en comptes de riure el que hi entra (com passa en qualsevol atracció per senzilla que sigui), el que riu és qui es queda a fora. L'han fet amb unes bosses d'escombraries industrials blaves que han empastifat per dins amb la nostra melmelada.

-Hi heu d'entrar i travessar-lo de quatre grapes. És divertidíssim, ja ho veureu! -diu la Nicole.

-Està empastifat de melmelada? -pregunta l'Hug amb cara de fàstic.

-No -diu la Nicole. Respirem descansats-. L'última part és plena de **quètxup i maionesa,** perquè la melmelada se'ns va acabar.

Què???

—Qui vol ser el primer?

Tots mirem de seguida cap a terra. És una reacció **automàtica.**

—*Well*... —diu la Nicole mentre mira a qui escull. Jo miro tan fixament a terra que podria esberlar una pedra amb la meva mirada làser—. *You*.

Aixequem el cap i l'afortunada resulta que és... la Rebeca!!! Potser al final sí que riurem avui! Uix, com li quedaran aquests cabells tan finets arrebossats de melmelada...! I aleshores...

—**JA HI VAIG JO PER ELLA** —diu en Pollastre.

L'estrangularia aquí mateix. La culpa és meva per no haver-li posat un morrió!! Volia venjar-me d'ell quan sortís del túnel, però... però després de recórrer tot el túnel el que en surt no és un nen sinó un frankfurt!!

—Que divertit, oi?! —exclama la Nicole.

La resta del dia obeïm sense replicar i, quan ens diuen que hem d'anar a dormir, obeïm al primer crit. Ni tan sols ens atrevim a parlar dins la tenda, i encara menys a sortir a fer pipí; vés a saber quina broma tenen a punt per als qui enxampin... potser han escampat  pertot arreu i ens fan córrer descalços... o han anat més enllà i han col·locat mines antipersones...

Abans d'adormir-me penso que m'he oblidat de preguntar a en Màrius si és el meu amic secret. Demà, peti qui peti, l'hi pregunto. Ho prometo.

Des que van començar els campaments, nosaltres hem après coses; però ells també n'han après. Per exemple, s'han convençut que si ets un negat per

als idiomes, per més que t'hi esforcis, en quinze dies, continuaràs sent un negat. És un descans. Ara ja ens deixen més tranquils. Les dues últimes classes, mentre el professor-monitor-nadiu explica una cosa avorridíssima, les dediquem a passar-nos els *notebooks* per escriure'ns **dedicatòries;** és clar que està prohibit, com qualsevol cosa divertida que fem. Jo dibuixo **CHIBIS PERSONALITZATS** per fer-me publi-

citat gratuita per al dia que tingui el Tuenti i comenci el meu negoci.

—I si escrivim les dedicatòries en anglès, sí que ens deixes? —pregunta en Pollastre.

Ja n'hi ha prou! Em trec un mitjó, suat, i l'hi entaforo a la boca.

—No, Frodo, no —em diu mentre intenta impedir-ho amb la mà.

Ja fa temps que ho hauria d'haver fet.

No sé si és perquè no ens puguem escriure dedicatòries o si és només per fotre'ns, el cas és que ens fan un últim examen sorpresa. **Que originals!!** Hem d'escriure una redacció que parli dels campaments i puntuarà per al joc.

Començo molt animada: *My name is Sara and I'm the captain of the... of the...* com s'escriu «mofetes» en anglès? En Pollastre, que el tinc al costat, sembla que està inspirat. *Captain of the...* Miro una estoneta en Màrius sense que se n'adoni. *Of the...* Com pot ser que en Pollastre pregunti si hi ha límit

de pàgines?? Quin avorriment!! En Màrius em pesca mirant-lo i em somriu. Quina vergonya! *Of the...*

-Queden **cinc minuts** per entregar la redacció -diu el monitor.

Ups!! Com m'he despistat! Miro el full i només hi he escrit una línia i mitja!!! Si t'has encallat...

CONSELL 62:

SI EN UN EXAMEN NO SAPS LA RESPOSTA, FES SERVIR EL TRUC DE LA LLETRA IL·LEGIBLE.

El truc és molt senzill. Comença a escriure a tota màquina i amb molt, molt mala lletra, paraules sense sentit, com ara **aellenynjoygvtd mineoht pheto,** fica-hi moltes h, e, i, t w, i cada sis o set paraules escriu

ben clar una paraula que coneguis bé, una de fàcil, del tipus *the*, *and*, *she*.

Entreguem les redaccions. En Pollastre esgota fins a l'últim segon i entrega un munt de fulls.

–Què has escrit? –li pregunto mentre li trec el mitjó de la boca.

–Em sé de memòria trossos sencers d'*El Senyor dels Anells* en anglès, així que he escrit la meva versió de LA COMUNITAT DE L'ANELL i només he hagut de canviar els noms; en comptes d'en Frodo, t'he posat a tu, en comptes de l'Aragorn, m'hi he posat a mi, en comptes d'en Sam, la Marina...

Li torno a tapar la boca amb el .

Mai no havia sentit una burrada tan gran com aquesta!!

CAPÍTOL 20

l'amic secret

Avui és l'últim dia dels campaments i ha arribat l'hora de descobrir qui és el nostre amic secret. **Quins nervis i quines ganes** que tinc de saber-ho!!!

Alguns, les parelletes, com la Bella i la Bèstia (la Marina i en Jordi), han fet trampes i ja ho saben, però la majoria no el coneixem.

Sortim a fora, a la mateixa esplanada on vam baixar de l'autocar, on va començar tot, on jo vaig vomitar. És com si haguessin passat uns quants mesos. Al campament vius el temps intensament. Seiem en un cercle per equips per última vegada. Avui hi ha moltes coses que farem per darrer cop i estem una mica **tristos.**

CONSELL 63:

APROFITA EL TEMPS PERQUÈ LES COSES BONES S'ACABEN DE SEGUIDA.

A en Pollastre vaig trigar massa a posar-li el morrió, així que els marcadors queden de la manera següent:

139 PUNTS   145 PUNTS   168 PUNTS

El joc consisteix a aixecar-se, a dir qui creus que és el teu **AMIC** secret i a comprovar-ho amb l'altra persona. Cada encert compta dos punts. Li toca començar a en Xavi, un noi de la meva classe.

–No n'estic segur, però crec que el meu amic secret és... en Diego.

Quina barra!! Què vol dir que no n'està segur? Si l'hi van dir el primer dia!!! En Diego s'aixeca i diu que sí, que ho ha encertat. Han dissimulat tan malament que ningú no s'ho ha empassat.

Continua la ronda. Ara un, ara l'altre... Li toca a la Rebeca; s'aixeca ben a poc a poc perquè observem que va *superfashion*. Porta uns minishorts texans tan perfectes que semblen estripats i envellits expressament. Quina enveja, **ELS MEUS NOMÉS SÓN VELLS, PERÒ DE VERITAT!!** Sacseja una mica el cap perquè tots veiem que duu els cabells perfectament planxats. Hi ha una gran expectació. Ningú no obre la boca. Els nois estan molt neguitosos.

En Pollaste NO PARA QUIET.

–Dirà el meu nom. És impossible que no s'hagi adonat que sóc jo.

És veritat que en Pollastre s'ha **ESFORÇAT** moltíssim. A la seva manera, és clar: l'ha fet caure al riu, li ha regalat unes samarretes insofribles... La Rebeca obre la boca lentament; no sé si és per crear tensió o perquè se li han enganxat els llavis amb les sis capes de *gloss* que hi duu al damunt.

–*My secret friend is...* –Aquesta serà burra fins al dia que mori. Com pot ser que ho digui en anglès?– *My secret friend is* **Hug.**

Aleshores sento una trencadissa de vidres al meu costat. És el  d'en Pollastre, que s'ha trencat. Li dono la mà. Que sàpiga que pot comptar amb mi.

CONSELL 64:

HAS D'ESTAR AL COSTAT DELS AMICS QUAN ET NECESSITEN.

L'imbècil de l'Hug s'aixeca i diu que no, que ell no és el seu amic secret.

–Quèèè?? **Com que no??** –crida la Rebeca.

Està enrabiada, més que quan li van perdre la motxilla, més que quan se li va espatllar la planxa dels cabells. Respira pel nas a tota pastilla, com els toros a punt d'envestir el contrincant. Tots fem un pas enrere. **FA POR.** Només en Pollastre, que tant li fa que li passi un tractor per sobre, té el valor d'aixecar-se i dir que ell és **EL SEU AMIC SECRET DE DEBÒ.** La Rebeca és molt desagradable i se'l mira com si fos un pèl que s'ha trobat a la sopa. Pobre Pollastre! Ara mateix ventaria una bufetada a la Rebeca.

–*Well, Hug* –diu la Nicole tan tranquil·la–. *Who do you think is your secret friend?*

Ha!, ara ve quan el ratasàvia la pífia. Quin moment!! És impossible que sàpiga que sóc jo. L'Hug està de peu. Jo dissimulo i miro cap a una altra banda. Intento que no se m'escapi el riure.

–El meu amic secret és... –fallarà, segur que falla– ... la **SARA** –diu mirant-me fixament i sense dubtar.

Què??? Com ho ha sabut??? Si no he fet res, o... precisament ha estat per això? I a sobre no tinc cap altre remei que aixecar-me, anar al seu costat i donar-li la raó.

–*Well, Sara. Who do you think is your secret friend?* –em pregunta la Nicole sense que jo tingui temps per tornar al meu lloc.

Miro l'Hug amb una mirada desafiant; sé que la victòria serà meva perquè estic del tot segura de qui és el meu amic secret. Ell em pica l'ullet. No el suporto... **És el tio més cregut i egoista que he conegut mai.**

–En Màrius –dic jo, i l'assenyalo amb un gran somriure.

En Màrius es posa dempeus, se'l veu una mica confús. És tan modest! Com m'agrada!! Per què triga tant a contestar-me? M'està posant nerviosa. Per què triga tant? Que ha perdut la veu? Que ha entrat en coma? O què passa? Aixeca el cap, em mira, i ho sé, abans que ho digui, ho sé: **M'HE EQUIVOCAT.**

No ho entenc, no entenc res. En Màrius no és...? No ha estat ell el que tots aquests dies...? Aleshores...?

PUM! PUM!

Encara intento processar-ho quan la Nicole demana que s'aixequi el meu amic secret. El meu amic secret de debò. El cor em batega com un timbal que repica ben **FORT.** És impossible que els altres no el sentin.

—Sóc jo —diu l'Hug. **PUM!**

ÉS IMPOSSIBLE!!! Fins i tot fa broma en un moment tan important? Obre el paperet que li havia tocat i escrit amb la meva lletra, amb un chibi dibuixat al costat, hi diu:

Quèèè??? Que algú aturi el món ara mateix!!

L'Hug és el meu amic secret? És ell qui m'ha cuidat, animat i deixat regals? Qui va fer la feinada de **rentar-me el barret?** Em miro el canell i hi veig el braçalet que no m'he tret ni un sol dia des que el vaig trobar a la bota. El braçalet que ense-nyo des de fa vuit dies amb el braç alçat perquè el vegi el meu amic secret, malgrat que la gent s'ha ficat amb mi i s'ha pensat que m'havia tornat boja, malgrat tenir el cos baldat... i ara resulta que el meu amic és **L'HUG!!!**

A la gent li falta un bull... Ara tots aplaudeixen entusiasmats, excepte la Rebeca (que no és que li falti un bull sinó que no aplaudeix); criden: «**Perry l'Ornitorinc i el Doctor Doofenshmirtz**». I de sobte veig la llum. Sé què em toca fer. La Nicole em mira, però tant me fa. Ho haig de fer!!! M'ha pres el pèl tants dies que ara veurà!!! Eliminaré una altra cosa de la llista d'intencions per als campaments!!! Començo a alçar el braç amb el puny tancat...

-SARA!!! -crida la Marina amb una cara de mil dimonis.

No et pensis que s'enfada perquè utilitzo la violència, sinó pels deu punts que perdrem. La miro una estona. Em fa tanta ràbia que... torno a tancar el puny i aixeco el braç, el flexiono i agafo impuls cap enrere. *Això és imparable.*

El que passa tot seguit només dura vuit o nou segons, així que t'ho descriuré pas a pas, a càmera lenta, perquè no te'n perdis cap detall.

El meu puny surt disparat. El Nou deixa anar un crit llarguíiíssim...

Nooo...

... i al mateix temps es llança ràpidament en planxa i s'interposa entre el meu puny i l'Hug...

... nooo...

Tots s'han quedat com uns estaquirots, amb la boca oberta de la sorpresa. Amb el puny colpejo...

... nooo!

... l'aire. El Nou ha llançat l'Hug a terra i està a sobre d'ell.

Molt bé. Ara torno a la velocitat normal.

-Seraaa!!! -crida la Nicole feta una fera-. *Ten points less.*

Diu «Sera» perquè els anglesos es pensen que són els més llestos del món i ni tan sols saben pronunciar la «a».

Mai no l'havia vist tan enfadada.

Ara sí que me les corregaré!

CAPÍTOL 21

Avui he descobert que les tendes de campanya tenen una altra utilitat: es poden fer servir de sauna. Que com ho sé? Tu prova d'estar-t'hi dues hores a dins, amb la porta i les finestres tancades, a les sis de la tarda d'un dia de juliol, i ja ho veuràs.

La Nicole **m'hi ha tancat** per estomacar (per intentar estomacar) l'Hug. A sobre ha tingut la cara dura de dir-me que no era un càstig, sinó un «període de reflexió»*. L'obeeixo i reflexiono sobre què diré a la meva mare perquè els posi una denúncia. Sento algú que ve cap a la meva tenda i em crida.

—Marina?

—No, sóc l'Hug.

—L'Hug?? **Que em véns a pegar?** —pregunto. Ho trobo just. Jo també ho hauria fet.

—Que bèstia ets! He vingut per veure com estaves i per explicar-te les novetats.

Quin tio més maco!!! Sort que no està enfadat. Jo em sento una mica avergonyida. Parlem a través del pòster de Justin Bieber perquè és l'únic tros que hi ha sense tela.

L'Hug em diu una cosa increïble: han repartit les notes d'anglès i en Pollastre ha tret la **màxima** puntuació. En Pollastre???

—La Nicole s'ha quedat impressionada. És tan bo escrivint que li ha dit que intentarà fer-lo entrar en un projecte especial per a superdotats...

Jo ja no me l'escolto. En Pollastre, diu? I escrivint? Si el millor que ha fet és aquell acudit d'una impressora que diu a una altra: «Aquest paper és teu o és una impressió meva?». Aleshores, de sobte, em recordo que **ha reescrit** *La Comunitat de l'Anell* amb els nostres noms i el campament...

CONSELL 65:

APRÈN TROSSOS D'*EL SENYOR DELS ANELLS* EN ANGLÈS. ET POT SALVAR LA VIDA.

Després ens quedem callats. Sé que ha arribat l'hora de posar-me seriosa, potser he ficat la pota, potser m'he passat. Potser... sí, suposo que ja te n'hauràs adonat: ha arribat **l'hora de penedir-se.** (Si vols, et pots saltar aquest tros que em resulta tan vergonyós; jo ja t'avisaré a partir de quan pots continuar llegint.)

Tothom s'equivoca en algun moment de la seva vida (fins i tot els succeeix a les persones tan perfectes com jo, així que no passa res), i qualsevol persona que tingui alguna cosa al cap (sí, això exclou la Rebeca), quan se n'adona, se'n penedeix. Passa que això de **penedir-se és complicat:** no n'hi ha prou a sentir penediment; a més, és fonamental que l'altre s'adoni que n'estàs, de penedit (sobretot si l'altre és un pare o un mestre), i per això:

REGLES PER PENEDIR-SE COM CAL:

- Has d'incloure-hi la paraula «perdó». Quantes vegades? És difícil fixar-ne un nombre, normalment fins que la cara de l'altre deixi de dir «aquesta rebrà».
- Si l'has feta molt grossa, aleshores has d'afegir-hi unes llàgrimes, fer cara de xai degollat, i endur-te el puny al cor... però sense exagerar.
- Si la cosa es complica, jura moltes vegades seguides que no ho tornaràs a fer (tot i que normalment això no t'ho creus ni tu).
- Procura que l'altre no conegui aquestes regles.

Ara, fixa't bé com ho faig jo:

–Perdona'm, Hug. No t'hauria d'haver intentat pegar.

No hi he afegit ni llàgrimes ni cara de xai degollat, perquè, com que no em veu, no cal. Ho he dit molt, **molt trista,** i ni tan sols he hagut de fingir, perquè em fa vergonya haver-lo volgut pegar quan ell ha estat tots els campaments mirant de fer-me feliç.

–No, perdona'm tu per haver-te vacil·lat tant, perquè no descobrissis que jo era el teu amic secret.

Bufa, que bé! Sembla que l'Hug coneix les regles de com acceptar les disculpes adequadament.

–Què dius! Si sóc jo qui no t'hauria d'haver pegat.

–No, no, sóc jo qui no s'hauria d'haver ficat tant amb tu.

–D'acord, tu en tens la culpa –li dic per salvar-lo d'aquest cercle de disculpes que no s'acaba mai. No em fa res sacrificar-me per la gent que val la pena.

Ah! Que bé que et sents després d'haver demanat perdó!!

(VES AMB COMPTE. JA VEUS QUE ÉS MOLT FÀCIL CAURE EN UN CERCLE DE DISCULPES QUE NO S'ACABA MAI)

(ENTESOS, ARA JA POTS CONTINUAR LLEGINT, JA HE ACABAT).

–Sara... –em diu aleshores l'Hug. Li costa engegar. Acosta els llavis encara més a la finestra. Tots dos hi estem gairebé enganxats–. Sara... **vols...? Vols sortir amb mi?**

No m'ho penso dues vegades i li contesto amb un «**SÍÍÍ**» rotund.

Et confessaré una cosa, tot i que, si ho expliques a l'Hug, negaré que t'ho he dit (i a més t'arrencaré les dents amb unes tenalles): li he dit que sí en part perquè m'agrada molt i en part... per fotre la Rebeca!!!

Atanso els llavis una mica més a la tela i... ens **fem un petó** Ara bé, com que no he pogut desenganxar el pòster d'en Justin (amb l'escalfor s'ha desfet i s'ha quedat enganxat), a qui li he fet el primer petó és a en...

No hi ha temps per pensar en aquestes coses perquè sentim unes passes. En Robocop ve a alliberar-me perquè no em perdi el moment en què es coneixerà l'equip vencedor. L'Hug fuig corrents, ocult entre les tendes. Jo trec la llista i marco un ✓ on diu «**trobar un nòvio guai**» i també on diu «descobrir el meu amic secret»... I, ben mirat, ara tampoc no necessito assassinar l'Hug, així que el ratllo.

LLISTA D'INTENCIONS PER ALS CAMPAMENTS

- Ser popular. ✓
- ~~Trobar un nòvio.~~ Trobar un nòvio guai. ✓✓✓
- ~~ASSASSINAR LA REBECA.~~
- Ser popular per coses bones.
- Guanyar el joc.
- ~~ASSASSINAR L'HUG.~~
- Descobrir el meu amic secret. ✓

De tornada a la rotllana m'assec al costat de la Marina. La Marina és molt poc comprensiva, no com jo, i encara està enfadada amb mi pel rampell que he tingut fa una estona. Llàstima! I jo que em moro de ganes de dir-li que **tinc nòvio!!!**

–*Now* –comença a dir la Nicole–, *is the moment* de l'última prova puntuable: **EL JOC DEL COMPANY PREFERIT.**

També ho podrien anomenar l'elecció de Miss Simpatia, perquè al capdavall és el mateix. Cadascú ha d'escriure en un tros de paper el nom de la persona que li hagi caigut millor i cregui que és més maca. La persona més votada, guanyarà. Escrivim el nom amb la mà tapant el paperet i el donem a la Nicole.

Quan comença a llegir en veu alta, tothom comença a riure perquè com que el vot és secret tothom s'ha dedicat a escriure-hi ximpleries. Evident.

-*Justin Bieber*. -Tot i que per dins pensi que som idiotes, ho diu serena-: Vot nul.

Ha, ha (només dos «ha», tampoc n'hi ha per tant). Continua llegint els vots: tres per a la Rebeca, tres per a en Pollastre, dos per a l'Hug, un per a en Pau -au va, com canta que s'ha votat ell mateix!-, un per a mi, un per a en Justin, un per a **Dora l'Exploradora,** i un per a **LADY GAGA.**

Més vots. Més vots nuls... Ja en queden pocs. En Pollastre i la Rebeca van empatats a quatre.

-M'has votat? -em pregunta en Pollastre.

-Home, és clar -responc, ofesa, tot i que jo m'he votat a mi mateixa. *Of course*.

CONSELL 66:

SI CREUS QUE ETS LA MILLOR, VOTA'T A TU MATEIXA!

La Nicole llegeix els dos últims noms: BOB ESPONJA i en Pollastre. Sumem cinc vots i per tant hem guanyat!! Hem guanyat i són deu punts!!!

En Pollastre es posa dret d'un bot i comença a passejar com si fos Miss Simpatia. Llança petons a un costat i a l'altre, i tots l'aplaudim.

COMUNITAT!! COMUNITAT!! Els set fem un xoca-la. Està clar quin és el talent d'en Pollastre.

La Nicole ens demana que ens calmem. S'aixeca i va fins a la pissarra on apunta els resultats. Des que vam arribar és la primera vegada que estem tots callats. Sentim els ocells que piulen... i la Nicole comença a sumar les columnes. La primera, la de les gatetes glamuroses: **143** punts. Tant és. Estava clar que aquestes no guanyarien. En acabat venim nosaltres: **168** punts. Aviso: m'agafarà un atac de cor!!! Els óssos... Ei, que m'agafa de debò!!! Els óssos: **166** punts. Si m'ho diuen no m'ho crec. Els marcadors han quedat així:

~~He~~ Hem guanyat!!!!

La Comunitat de l'Anell xoquem les mans, ens abracem, plorem i riem a la vegada.

Quin moment! És espectacular! La banda dels *frikis* al poder!!! Ahà!

–Comunitat!! Comunitat!! Comunitat!! –cantem descontrolats,

L'Hug és un bon perdedor, em felicita i em dóna la mà. L'hi agraeixo, tot i que el que més m'agrada de tot plegat és la cara de la Rebeca; bé, la cara i la resta, perquè està tan rabiosa que plora i pica de peus a terra com si tingués quatre anys.

En ma vida no havia estat tan feliç!

HEM GUANYAT I A SOBRE TINC NÒVIO!!!

No vull marxar del campament.

CAPÍTOL 22

L'ÚLTIM DIA

De debò que ja han passat els quinze dies? No m'ho puc creure.

Sisplau, que algú pitgi el botó de rebobinar perquè torni a ser **el primer dia.**

Pots pensar que si has arribat fins aquí, ja ho tens tot superat, però no, encara pots espifiar-la, per això és molt important seguir els meus consells de savi. L'últim dia l'integren tres moments, i no sé quin dels tres és **PITJOR:**

1. MOMENT MOTXILLA

El moment motxilla és aquell en què t'adones que potser hauries d'haver fet cas als teus monitors quan et van dir mil vegades que et fessis la motxilla. Tot i així...

Segueix un consell que, per bé que no és meu, tothom coneix: **NO FACIS AVUI EL QUE PUGUIS DEIXAR PER A DEMÀ.**

Fer la motxilla és molt, molt difícil.

El primer pas imprescindible és desfer-la. Desfer-la?, et preguntaràs. Sí, perquè quan l'obres tens el **MOMENT REVELACIÓ...**

No pateixis, això és ben normal i a tothom li passa. Bàsicament consisteix en què en obrir la motxilla descobreixes que a dins hi ha un munt de roba neta. La mare em va dir que tenia una muda de roba interior per a cada dia? Fas el recompte i descobreixes que en tens nou. Nou? Ups, potser m'he oblidat de canviar-me algun dia les calcetes!!

Què fas en una situació com aquesta? Només hi ha una cosa lògica:

CONSELL 67:

ABANS DE FER LA MOTXILLA, BARREJA LA ROBA NETA AMB LA BRUTA, PERQUÈ NO SEMBLI QUE SEMPRE T'HAS POSAT LA MATEIXA.

Un cop has barrejat bé la roba (val la pena dedicar-hi una bona estona per assegurar-se'n) ve el que és difícil de debò: **FER LA MOTXILLA.**

Per fer la motxilla es necessiten uns coneixements que normalment només tenen les mares. El problema és que ara l'has de fer tu. Ei, no passa res, jo m'he **informat** i t'ajudaré a fer-la. A l'hora de preparar una motxilla es fan servir tres tècniques:

- Tècnica «seguim un ordre»: fixa't bé què hi poses, doblega-ho tot per aprofitar l'espai, separa les vambes brutes de fang de les samarretes netes, mira que hagis tancat bé el sabó, fes una llista per comprovar que no et deixes res...

- Tècnica «tot hi cap a dins o entafora-ho tot»: com bé diu el seu nom es tracta d'obrir la motxilla i ficar-hi a dins tot el que trobis.
- Tècnica «això hi cap sí o sí»: bàsicament es tracta de seure sobre la motxilla per aixafar bé el que hi hagi a dins i fer lloc per continuar ficant-hi coses.

La meva mare –i totes les mares del món– acostuma a fer servir la tècnica «seguim un ordre»; jo m'estimo més barrejar la tècnica de «tot hi cap a dins o entafora-ho tot» amb la tècnica de «això hi cap sí o sí». Primer fico com em sembla tot el que vaig trobant. Això és meu? Tant me fa! Em deixo alguna cosa? Tant és! Tu trobaries a faltar una samarreta de publicitat de tractament per als polls? I, de tant en tant, m'assec a sobre i **hi salto al damunt** amb el cul perquè tot s'aixafi bé.

CONSELL 68:

NO ET COMPLIQUIS LA VIDA INNECESSÀRIAMENT.

Pensa... Que ets tu qui s'encarregarà d'ordenar, rentar, fregar, planxar...? Oi que no?

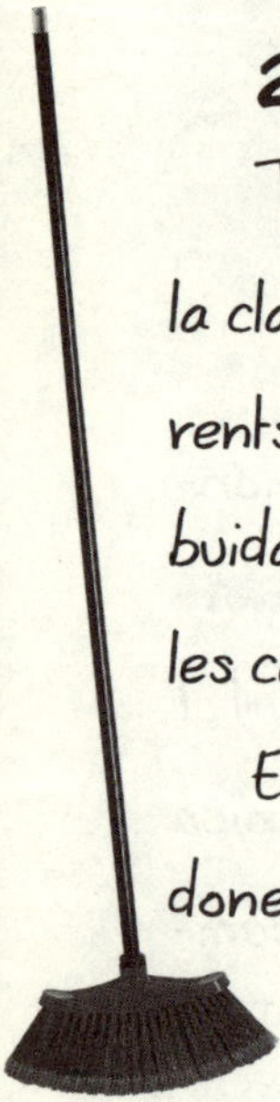

2. MOMENT NETEJA

T'imagines que a l'escola, en el moment d'acabar la classe, et diguessin que en comptes de sortir corrents t'hi has de quedar una estona a fregar l'aula, buidar les papereres, esborrar la pissarra, posar les cadires al seu lloc...? Doncs aquí ho fan.

Ens obliguen a deixar-ho tot net. I a sobre no et donen ni material ni condicions per fer-ho!!!

Els monitors t'intenten enredar amb ximpleries que no s'empassa ni un nen de tres anys:

–Ei, gent, ara toca una de les parts més divertides:* **netejar!!!** –diu en Robocop.

CONSELL 69:

TAN BON PUNT SENTIS LA PARAULA «NETEJAR», TU FUIG PER ESCAPOLIR-TE'N, I FUIG TAN RÀPIDAMENT COM PUGUIS.

Òbviament ningú no s'empassa que serà divertit i tots intentem fugir, però en el curset que han fet per treure's el carnet de monitor han practicat molt com fer placatges amb ninots com si juguessin a rugbi. Ara bé, aquests placatges no caldrien si dediquessin tot aquest temps a aprendre a dir mentides en condicions. Que no pot ser tan difícil, ostres, **que som nens,** que la majoria fins fa poc *creien en el ratolinet Pérez!!*

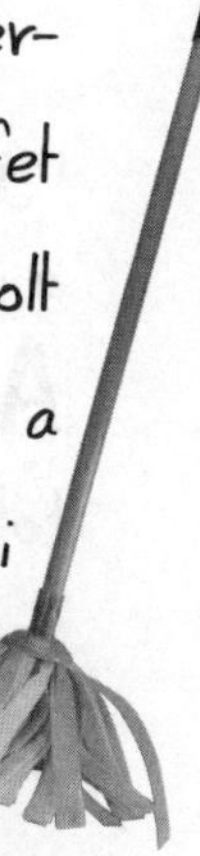

Tots dominem el truc d'assentir i somriure a tot el que diuen mentre ens anem allunyant d'ells caminant marxa enrere. No ho facis, fes-me cas:

CONSELL 70:

PASSA DE FER SERVIR UN TRUC QUE TOTHOM CONEIX, NO SERVEIX DE RES SI ELS ALTRES TAMBÉ EL FAN SERVIR.

Fes servir millor el meu truc: **POSA'T ROBA QUE RELLISQUI!!!**

Tan bon punt s'adonen que ens estem allunyant, en Lluís es llança ràpidament en planxa cap a mi i, com que és molt alt, m'enganxa una cama. **AHHH!!!** Caiem a terra. Jo estiro la cama amb totes les meves forces. El paio no em vol deixar anar. Jo estiro i... com que duc un d'aquests xandalls que la meva mare compra als supermercats (un de marca desconeguda, d'aquests que fabriquen amb els trossos de plàstic que els sobren de les bosses) i rellisco moltíssim... aconsegueixo lliscar per les seves mans i m'escapo corrents bosc endins!!!

En canvi, la Marina, l'enganxa l'Eva a la primera. **Que es foti, per tenir tants diners!!!**

3. MOMENT DEL LLIURAMENT DE DIPLOMES

Ens avisen per megafonia que anem tots al menjador per al lliurament de diplomes i els que hem aconseguit fugir sortim dels nostres amagatalls.

–*Well, captain of the* **cats**, *come here* –diu la Nicole.

La Rebeca s'acosta entre aplaudiments. Reconec que sap adaptar-se a les circumstàncies. No se'n podia anar d'aquí sense un nòvio, evident; no volia ser menys que unes **PRINGADES** com nosaltres. Així que, ves per on, s'ha recordat de les atencions que li ha estat dedicant el seu amic secret, en Pollastre.

—Segur que vols sortir amb ella? —he preguntat a en Pollastre—. Saps que només està amb tu per interès, oi?

—**LA VIDA SÓN DOS DIES** —m'ha dit, i m'ha picat l'ullet.

Tant és, passo de ficar-me en un embolic. Pugen els gats. Muà, muà, aplaudiments, diploma, foto per al bloc. Pugen els óssos. Aplaudeixo molt fort a l'Hug (que guapo que és!!). **Foto. Diploma. Foto.** I ara el que realment importa: jo i les mofetes.

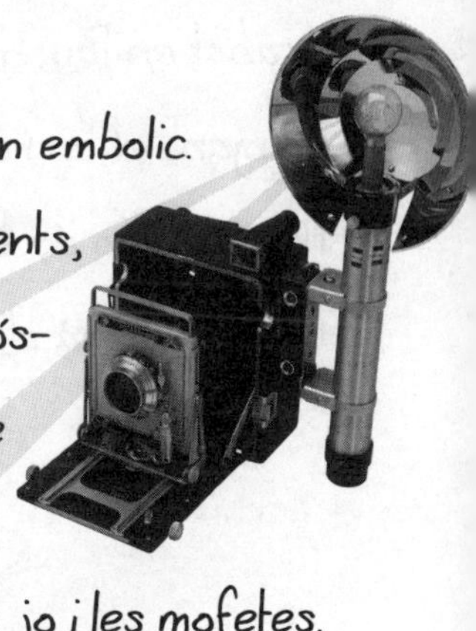

—*Well, captain of the skunks, come here.*

Sóc una mofeta i n'estic orgullosa. Alço el diploma com si tingués algun valor real, com si no fos un tros de paper. I sí, sí que té un valor. És la prova que si ens esforcem i unim les nostres forces per formar un equip, tot és possible.

Tothom aplaudeix, fins i tots els gats i els óssos; és un gest de reconeixement cap a les mofetes perquè som els millors. Que emocionant!!!

–Sisplau, **que pugin els meus companys** –demano jo–. Tots per a un i un per a tots.

En Jordi i la Marina pugen agafats de la mà; darrere seu vénen la Júlia, el Nou, en Pollastre i, en acabat, en Pau, que ensopega amb l'escala i s'acaba menjant el terra. Sí, ja sé que és un plasta pocatraça, però és **el nostre plasta pocatraça.** Li dono la mà i l'ajudo a aixecar-se.

CONSELL 71:

DÓNA UNA OPORTUNITAT A TOTHOM, PERQUÈ LA PERSONA QUE MENYS T'ESPERES POT ACABAR SENT UN BON AMIC.

–La Comunitat de l'Anell –diu en Pollastre, emocionat.

Sí, és veritat, som la Comunitat de l'Anell. Un equip, **un veritable equip.** I recordo allò que tots valem per a alguna cosa. És veritat. El mèrit d'haver guanyat és dels set. **Som els millors.**

De sobte em ve al cap la llista. La llegeixo i és increïble: ho he aconseguit tot, perquè, a més de guanyar, és evident que sóc la més popular (aquesta vegada per coses bones). Quina ràbia!! Si arribo a saber que tot es compliria, hauria jugat a la loteria i hauria demanat que em toquessin un milió d'euros!

LLISTA D'INTENCIONS PER ALS CAMPAMENTS

- Ser popular. ✓
- ~~Trobar un nòvio.~~ Trobar un nòvio guai. ✓✓✓
- ~~ASSASSINAR LA REBECA.~~
- Ser popular per coses bones. ✓
- Guanyar el joc. ✓
- ~~ASSASSINAR L'HUG.~~
- Descobrir el meu amic secret. ✓

CAPÍTOL 23

I arriba el comiat... Qualsevol comiat està format de:

llàgrimes + promeses = sermó

El millor consell que et puc donar respecte a **PLORAR** és aquest:

CONSELL 72:

PORTA A SOBRE MOCADORS PER AL COMIAT.

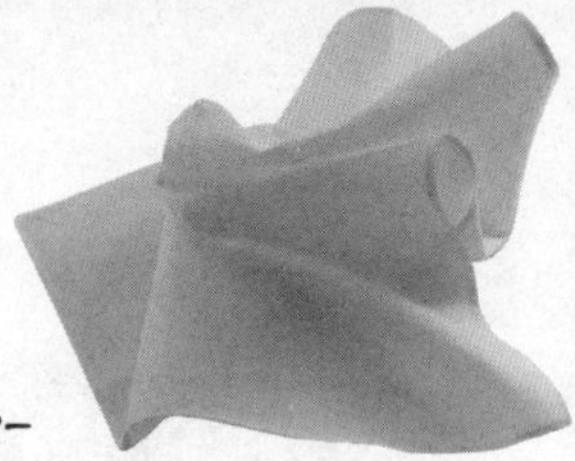

Sí, ja sé que creus que no els necessitaràs, però... **segur que plores.** Si James Bond anés de campaments, ploraria.

A l'hora d'esmorzar tots hem presumit: «jo no ploraré», «jo sóc més dur que un robot», «jo vaig guanyar el concurs de plorar menys». Però tan bon punt agafem les motxilles, es torna a activar **LA PLORERA EN CADENA!!!** Un plora, l'altre el mira i plora, un altre també plora... Comencem a abraçar-nos i a plorar.

Quan estic a punt de recolzar el cap sobre l'espatlla de la «persona X» (m'estimo més no donar noms), veig que està **PLE DE MOCS**, així que retrocedeixo lentament sense que se n'adoni.

I si hi ha una cosa impossible en un comiat és plorar i no fer promeses a la vegada.

Per això és molt important el tema dels mocadors: no deixis un mal record als companys; serà l'últim que tindran de tu. No els donis pistes per posar-te un sobrenom.

CONSELL 73:

FES UN MUNT DE PROMESES, TOTES LES QUE SE'T PASSIN PEL CAP.

Fes totes les que vulguis, perquè després no s'han de complir. Però **vés en compte!!!**, no comencis a fer promeses com si res. No totes les promeses valen. Com que el matí del comiat tens molta son i no cal que t'hi esforcis gaire, t'explicaré quin és el truc perfecte: en **una bona promesa** pots dir el que et doni la gana sempre que l'acabis amb les dues paraules màgiques:

—Serem amigues per sempre —li dic a la meva minijo entre llàgrimes i abraçades—. Tant de bo fossis tu la meva germana per sempre!

—Estarem en contacte per sempre —em respon ella.

No és veritat, està clar (bé, això que la pogués canviar per la Raquel, sí), que tenim dotze anys!! Com vols que siguem amigues per sempre? Evidentment, sí que hi ha gent que continuaré veient: l'Hug, la Marina, en Pollastre, en Jordi, en Pau!!

CONTINUARÉ VEIENT ELS QUE NO VULL CONTINUAR VEIENT: la Rebeca, la Vicky...

I per fer callar els plors i les promeses no hi pot faltar un bon sermó o el discurs que som els **millors.** Si qualsevol activitat comença amb el discurs dels «no», qualsevol activitat s'acaba amb el discurs de «som els millors».

Bàsicament consisteix a explicar-te que bé que ho has fet i a posar-se molt pesats: «Heu après valors fonamentals com **el compromís, el respecte, el comportament humanitari, la justícia...**

—*Well, children, it is time to say goodbye...*

I encara que ens hagin tractat com si fóssim esclaus, que no ens hagin donat de menjar, que no ens hagin deixat dormir, que ens hagin obligat a anar a classe i a fer deures, que ens hagin convertit en glaçons...

TOTS HI VOLEM TORNAR L'ANY QUE VE!!

Sortim del menjador plorant i abraçant-nos, igual, igual a com van sortir els del torn d'abans de nosaltres. Els que acaben de baixar dels autocars ens miren amb les mateixes cares d'ensurt i de por amb què nosaltres miràvem els del torn anterior.

D'aquí a poca estona pujarem als autocars i ens allunyarem d'aquí. No quedarà res de la nostra estada al campament. Tot començarà de zero. Tot seguirà igual, però sense nosaltres... Quèèè?? Ei, un moment. **Què em passa!** Com puc tenir aquests pensaments?! Això no és normal... **I si han ficat alguna cosa a l'aigua?**

Dic a l'aigua perquè al menjar no hauria tingut cap efecte, n'he pres tan poc... Com que ja som persones autònomes, cadascú porta les seves coses al maleter. Les meves, les hi posa l'Hug, perquè pesen un munt i perquè, tot i que sóc una persona autònoma, si tinc nòvio és per alguna cosa.

La Rebeca obliga en Pollastre a mirar set vegades el maleter per comprovar que aquesta vegada la motxilla torna amb ella a casa. De la que va acabar a GRENLÀNDIA encara no en tenen notícies, tot i que m'imagino un ós polar d'aquells tan bufons amb una samarreta cenyida de la Rebeca.

Em fa por, molta por, pujar dalt d'aquesta muntanya russa salvatge que és un autocar per aquestes carreteres. Els altres hi pugen tan tranquils. L'Hug m'estira la mà i no em queda cap altra opció que pujar-hi.

—Seu a la finestra, si vols —li ofereixo jo.

—No t'hi vols posar tu? És el millor lloc, es veu tot el paisatge...

—Per això **te'l vull deixar a tu.**

Em fa un somriure d'agraïment. Que innocent! Té raó en això del paisatge: si l'autocar bolca, els primers que xocaran contra els arbres o que es deixaran les dents clavades al preciós paisatge són els que seuen a les finestres. El contacte que tindran serà molt i **MOLT DIRECTE.**

D'acord, ja sé que puc semblar egoista, però no t'oblidis d'aquest consell:

CONSELL 74:

ESTÀ BÉ ESTIMAR EL TEU NÒVIO, PERÒ MAI TANT COM A TU MATEIXA.

L'autobús engega. Estrenyo la mà de l'Hug. A més de la por, tinc una sensació estranya **d'alegria i tristesa.** D'una banda tinc mooooltes ganes de tornar a casa, de veure la meva família i de recuperar tots els luxes: la tele, el coixí, la persiana, **la nevera!!!**

D'una altra banda, estic trista perquè no em vull separar ni dels amics ni del nòvio.

Com han canviat les coses d'ençà de l'últim viatge que vam fer amb autocar. Ja no sec al costat de LA MARINA, ara cadascuna seu al costat del seu nòvio!!!

Comencem a cantar les típiques cançonetes de les **EXCURSIONS** la mar de contents. La mar de contents? Bé, a partir del tercer revolt haig de tancar la boca...

CONSELL 75:

APRÈN DELS ERRORS. NO ELS TORNIS A COMETRE.

Aquest consell és importantíssim, perquè... a veure si endevines què he tornat a fer? Com que no sabia quan menjaríem i faltava tant per arribar a casa... he pensat que havia d'endrapar deu o dotze magdalenes, un paquet de galetes, dos vasos de llet...

L'Hug em mira quan veu que deixo de cantar. Ràpidament m'enduc les mans a la boca...

Sisplau, que algú aturi aquest autocar!!!

Minidiccionari de Supervivència

avorriment. viure sense Internet ni televisió ni mòbil mentre intenten ensenyar-te anglès tot el sant dia.

acomodar. confondre'ns amb peces de Tetris i pretendre ficar-nos a cinc en una mateixa tenda, mida per a barrufets.

activitats aquàtiques. tirar-te a una piscina d'aigua, tan gelada que els monitors hi refreden les begudes.

agradable passeig. obligar-te a caminar fins que el cor se't surti per la boca, els peus se t'omplin de butllofes i les cames et facin tant de mal que si tinguessis una motoserra te les tallaries.

aprendre jugant. grandíssim error gramatical: mai no poden anar en una mateixa frase «aprendre» i «jugar». Jugar, no jugaràs a res; però aprendre, aprendràs a... avorrir-te.

samarretes. objectes pels quals, amb un sol cop d'ull, distingeixes els populars dels que sempre els toca el rebre.

menjador. lloc on l'únic que et donen és el bon dia, quan hi arribes, i les bones tardes, quan en marxes, perquè el que és menjar...

menjar/sopar. pastetes, que només s'atreveix a tastar el pirat d'en Pollastre. Mai no són patates fregides, pizza, hamburguesa... Caldria definir més exactament aliments per a humans.

compartir coneixements. fer una ullada a l'examen del del costat. No, no és copiar, és... buscar inspiració.

crítica constructiva. posar-te a parir, però amb bones paraules.

descansar. Nicole i els monitors t'obliguen a pirar-te a buscar plantes, per deixar-los en pau.

divertits jocs. estupideses per tenir-te ocupat un parell d'hores fins al sopar.

elegir. fer, per nassos, el que als monitors els doni la gana.

infermeria. zona de descans a on acostumes a anar després de patir algun contratemps que no sigui el suficientment greu com per lliurar-se de tu enviant-te cap a casa.

enemic. qualsevol que no sigui del teu equip.

explicar el funcionament del campament. la seva forma de donar-te la benvinguda consisteix a deixar-te anar el discurs dels no, que és la llista de prohibicions i deures.

instal·lacions. tendes de tela, amb goteres, edifici amb dutxes, perdó, dutxa comuna d'aigua freda, vàters i uns lavabos d'aigua igualment freda.

llista de propòsits. és com la de bons propòsits de Cap d'Any, però sense allò de ser millor persona i aquestes ximpleries que no vénen al cas perquè, modèstia a part, és impossible millorar-me.

monitor. individus als quals et trobes en el campament, que amb prou feines són uns anys més grans que tu i que es creuen que poden manar-te com els teus pares o professors.

oci actiu i saludable. el que practiquen els monitors quan ens en anem al llit i es creuen que estem adormits.

període de reflexió. quan et castiguen, però dissimulen dient que és perquè pensis (com si pensar no fos ja un càstig).

piscina. part de l'oceà Àrtic, que no sé com han pogut portar fins aquí.

posar-nos forts. donar-te una pallissa perquè et cansis i no els donis la llauna.

premi fantàstic. un rave de foli vulgar, imprès en Word, que ells anomenen «diploma».

proposar. si se t'acut no fer-ho, et cau el pèl.

quedar com nous /dutxa. consisteix en uns raigs d'aigua a pressió, el més freda possible.

resposta universal. resposta dels monitors a qualsevol pregunta, dubte o necessitat que tinguis. Bàsicament consisteix a cridar no.

servir el menjar. consisteix a deixar tres o quatre safates damunt les taules i que cadascú s'espavili utilitzant el famós mètode de burro l'últim.

somnífer. prat al voltant del qual t'obliguen a córrer a les tantes de la nit. Sinònim: classe d'anglès.

telèfon mòbil. aparell que aconsegueixen trucar, per tal que els teus pares entenguin tot el contrari del que dius i no vinguin a rescatar-te.

test molt entretingut. un examen que t'hi cagues.

tenda de campanya. és la paraula més enganyosa ja que, malgrat el seu nom, allà no hi venen res; al contrari, el que volen és que dormis dins.

Les meves dedicatòries

Per a la Marina: Ets una amiga especial i extraordinària. Sí, ho sé: tot i estant adormida, el meu cervell és un geni treballant.

Sara

Per a l'Hug: Vés-te'n a Mordor, ogre. Amb afecte,

Sara

Per al Doble P, de part meva: Ets el meu plasta preferit.

Sara

Per al Nou: El dia que sent al teu costat no escolti *Pum, pum, pum*, trucaré a urgències. Amb efecte,

Sara

Per a en Pollastre: Si tornes a dir-me Frodo, et faré menjar el meu puny. Amb afecte,

Sara

Per a la Rebeca: M'agradaria veure't un dia sota la pluja per descobrir la teva veritable identitat. De la teva amiga,

Sara

Per a la Vicky: La teva bellesa deu ser a l'interior. De part de la teva amiga,

Sara

Per a en Jordi: Mai no vaig pensar que fer por pogués ser tan bo. Vull que siguis sempre al meu equip. Amb afecte,

Sara

Per a la Júlia: Espero que trobis alguna llei per la qual, en el menjador, els obliguin a donar-nos a tots el mateix menjar que a tu. Amb afecte,

Sara

Per a la minijo: Espero que cada dia tinguis la sort d'assemblar-te més a mi, perquè el meu únic defecte és la modèstia. Amb afecte,

Sara

Les dedicatòries dels altres

SÓC UN CRACK,
EL **** AMO.
JORDI

Compi, ets la millor capitana del món mundial. Desitjo que tots els dies caigui damunt teu una pluja de somriures.
Pau Martínez

Per a la Sara: Si busques la paraula «cutre» al diccionari, al seu costat hi trobaràs la teva foto. Hi, hi, hi, hi.
Rebeca

¡¡¡Frodo!!! ¡¡¡Frodo!!! ¡¡¡Frodo!!! Ke vals molt.
Del més Intel·ligent,
Pollastre

Per a la Sara: Al teu costat sempre semblo més bonica. Amb afecte,
La teva amiga, Vicky

Per a la Sara; Ho has fet tan bé que ja pots treure't la L de capitana en pràctiques. La Comunitat de l'Anell som els millors!!!
Júlia

No parlo massa bé l'idiota. Segurament per això no hem pogut entendre'ns. Amb afecte,
Hugo

Per a la Sara: I wish you were my older sister (tant de bo fossis la meva germana gran). I love you.
Carme (el teu minijo)

Amb tu, el millor encara ha d'arribar, sempre. Ets un sol que cap bota seria capaç d'aixafar. La teva millor amiga,
Marina
PD: Em deus un sac de dormir.

Sara PUM, PUM, ets PUM, PUM, un triple-doble PUM, PUM.
Dels teus amics,
Lebron i James.

Escriure la continuació de *75 consells per a sobreviure a l'escola* ha estat possible gràcies a l'entusiasme de moltes persones.
Tractaré de seguir un ordre més o menys lògic.

Gràcies a vosaltres, els lectors, per gaudir tant d'aquest llibre i per acceptar la Sara com a una amiga.

A tots els professors que heu confiat en mi i en la Sara perquè els alumnes descobreixin com de divertit pot arribar a ser llegir. A tots els llibrers i comercials que l'heu recomanat.

A la Laia i la Rita, per sentir la Sara una miqueta vostra i agafar-li tant d'afecte. A l'Anabel, la Raquel i a tots els que esteu entre bastidors. Gràcies per la vostra proximitat i per implicar-vos en el projecte.

A l'Hug, l'Àlex i la Paula, per les idees i la bona disposició. Al Miquel i l'Elena, per les correccions, els suggeriments...

I per acabar, a la Irene, la persona més important perquè, sense ella, la Sara no existiria. No creixis tan de pressa, si us plau. Espera't una miqueta.

INDEX

Coneixes el meu altre diari?

Aquest llibre s'ha acabat d'imprimir
el mes de març del 2013.

I ♥ Hug chibi!
I no podrien regalar-me Tuenti, que és gratis?
CONSELL 11:
No facis mai cas a la teva mare sobre la roba que t'has de posar.
CONSELL 50:
Fes-te d'un equip, d'una banda, fes-te mosqueter..., el que sigui, però no et quedis sol.
I ♥ chibis

I
Ningú no podrà amb tu!
75 CONSELLS PER SOBREVIURE AL CAMPAMENT
I chibis
CONSELL 18:
Fes servir la imaginació, no et moriràs per no fer sempre el que diuen els altres.
Sara